Erwin Ringel · Das Alter wagen

Erwin Ringel

Das Alter wagen

Wege zu einem erfüllten Lebensabend

Kremayr & Scheriau

Entwurf des Schutzumschlags: Kurt Rendl, Wien (unter Verwendung einer Photographie im Privatbesitz des Autors)
Satz: SRZ Korneuburg
Druck und Bindung: Wiener Verlag, Himberg bei Wien
ISBN 3 218 00569 8

Zitate aus: Felix Mitterer „Sibirien. Ein Monolog“ mit freundlicher Genehmigung des Haymon-Verlags, Innsbruck 1989.

Den beiden FM:
Felix Mitterer und Fritz Muliar
dankbar gewidmet.
Sie wissen, warum, und ahnen nicht, wie sehr.

Am Abend eines Lebens werden die großen und wichtigen Dinge klarer, so wie in der Landschaft die Linien klarer werden. Unsere Waage wird zuverlässiger und gerechter, und sie wird auch milder. Und Milder wird auch die Trauer um die große Erkenntnis, daß wir aufhören müssen, Mensch zu sein, gerade in dem Augenblick, in dem wir begonnen haben, es zu werden.

Ernst Wiechert,
der im Konzentrationslager Buchenwald Häftling war und darüber unter dem Titel „Der Totenwald" ein erschütterndes Buch geschrieben hat.

Gebrechen hab ich viele
doch treib ich meine Spiele
und werde nicht verzagen
im Alter was zu wagen
wenn man den Mut verliert
ist man schon halb krepiert
die Krücke hindert nicht
das Lachen im Gesicht
den Teufel hol das Jammern
das Nörgeln und das Klammern
ich halte mich in Schwung
das alte Herz ist jung

Gruppengedicht aus
„Mit alten Menschen arbeiten"

Inhalt

I.

Immer mehr Menschen sind betroffen

Dieses Buch schreibe ich als eine Art Kompaß für mein eigenes Alter, den ich aber zugleich möglichst vielen anderen Betroffenen zuteil werden lassen möchte. Wie sagt doch mein geliebter Peter Altenberg: „Nicht dir und einem anderen gib das Gute, das du gefunden auf deinen schweren Wegen – gib es allen! Gib auf die feige Vorsicht, nur gleichgesinnten Herzen dich zu öffnen! Sei stark, wirf's in die Welt! Was du Merkwürdiges erlebt, bring es den anderen, daß sie es miterleben. Das ist die simple Pflicht der Nächstenliebe! Laß sie teilnehmen!"

Und schon dieses Zitat soll andeuten, daß ich wiederum entschlossen bin, Dichter und Denker als Zeugen anzuführen, weil sie ja oft mehr erahnen als alle Wissenschaftler. Für einige von ihnen möchte ich in meinen Ausführungen sogar ausgesprochen Propaganda machen.

Es liegt eine interessante und höchst aufregende Entwicklung bezüglich der Altersstruktur der Bevölkerung Europas vor. Das Projekt „Mensch“ war ursprünglich wahrscheinlich für einen viel kürzeren Zeitraum ausgelegt. Die Lebenserwartung lag bis in die Antike im Durchschnitt bei maximal 20 bis 25 Jahren; aus heutiger Sicht wurden die Menschen damals in ihren besten Jahren abberufen, alte Personen waren die große Ausnahme. Erst durch verbesserte Hygiene, erfolgreiche Bekämpfung von Seuchen stieg die Lebenserwartung bis zum Anfang dieses Jahrhunderts auf über fünfzig Jahre.

Denken wir doch zurück, noch unsere Großmütter waren gezwungen, schon in relativ jungem Alter alte Damen zu spielen, zu einem Zeitpunkt, wo man ihnen nach den heutigen Gesichtspunkten, weiß Gott, noch große Unternehmungslust zubilligt. Mit Ausnahme von ganz wenigen Schichten der Bevölkerung war es ihnen nicht erlaubt, sich so zu kleiden, daß sie noch sexuell attraktiv wirkten. Man wünschte, daß die Frau, die Kinder hatte, auch matronenhaft aussah! Alles andere war unpassend und erregte Ärgernis. Noch Hugo von Hofmannsthal beschreibt im „Rosenkavalier“ in der Marschallin das Problem einer alternden Frau, die mit Schaudern das Verrinnen der Zeit beobachtet und abschließend meint:

> Und man ist dazu da, daß man's ertragt.
> Und in dem „Wie“
> da liegt der ganze Unterschied.

Diese ewige Menschheitsproblematik wird für uns aber völlig unverständlich, wenn Hugo von Hofmannsthal in einem Brief an Richard Strauss betont, daß man sich unter der Marschallin eine Frau etwa am Beginn des vierten Lebensjahrzehnts vorzustellen habe, eine Überlegung, die heute wohl nur mehr mit einem Lächeln beantwortet werden würde.

Das oben Gesagte galt, wenn auch in geringerem Maße, ebenso für den Mann. Bereits der weiße Bart charakterisierte ihn als „ehrwürdigen Greis", und wenn ein solcher Mensch den Versuch machte, sich jünglingshaft aufzuführen, so war er der Lächerlichkeit preisgegeben. Man alterte somit in der sozialen Einstellung dieser Menschen relativ rasch, und – dies ist für uns eine sehr wichtige Feststellung – mit dieser Alterseinstellung kam es auch zu einem merkwürdig raschen körperlichen Verfall. Die matronenhafte Frau bemühte sich erst gar nicht, ihren Körper oder gar ihr Gesicht so zu gestalten, daß sie jugendlich wirkte (das war höchstens das Vorrecht eines ganz kleinen Kreises), und auch der Mann mit fünfzig Jahren zeigte parallel dazu in seinem ganzen Äußeren die Zeichen des Alternden. Es ist nicht leicht zu beurteilen, wie hier die Kausalkette des Zusammenhanges verlief, ob die soziale Einschätzung die frühzeitige körperliche Altersreaktion zur Folge hatte, oder ob der Ablauf vielleicht ein umgekehrter war. Wie dem auch immer sei, beides ging Hand in Hand und führte zu einem

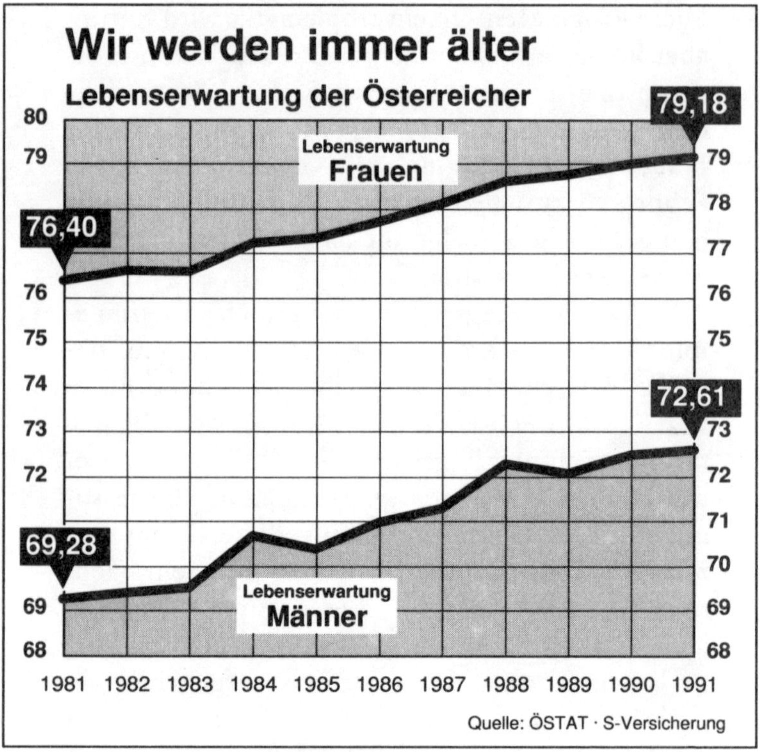

relativ frühzeitigen Ende des Menschen: Menschen starben überraschend schnell.

Heute hingegen beträgt die durchschnittliche Lebenserwartung bei Frauen bereits 79 Jahre, für Männer 73 Jahre, wie die Grafik zeigt. Dadurch hat sich auch die Altersverteilung gegenüber früher grundlegend verändert. Zum Beweis dafür mögen die Tabellen mehrerer europäischer Länder dienen:

Damit sieht auch die Gesellschaftsstruktur ganz

Altersgliederung der Bevölkerung

Österreich

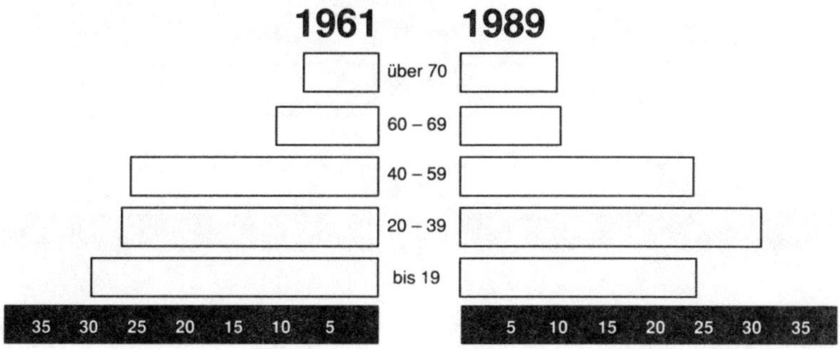

BRD

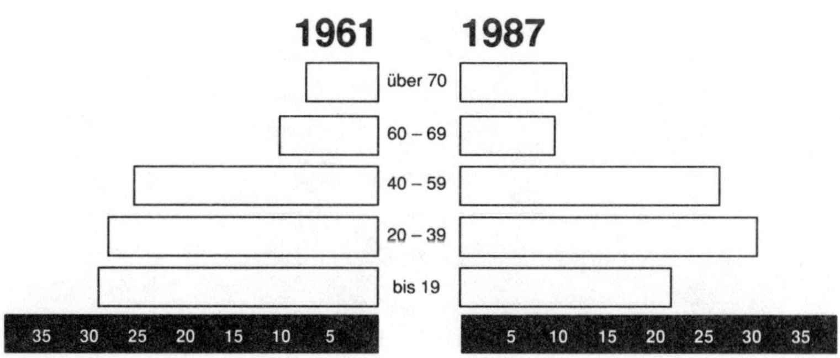

Frankreich

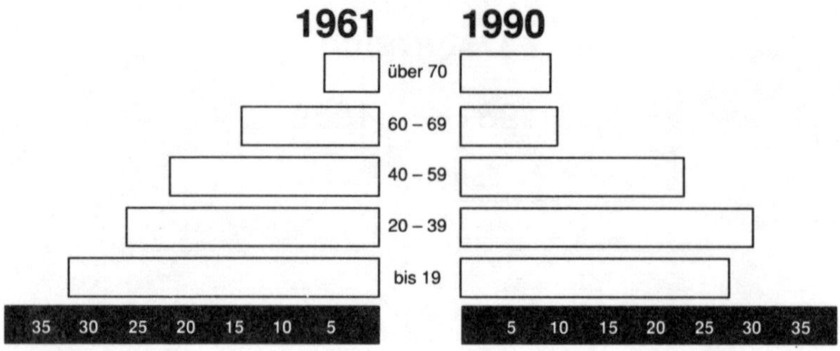

Großbritannien

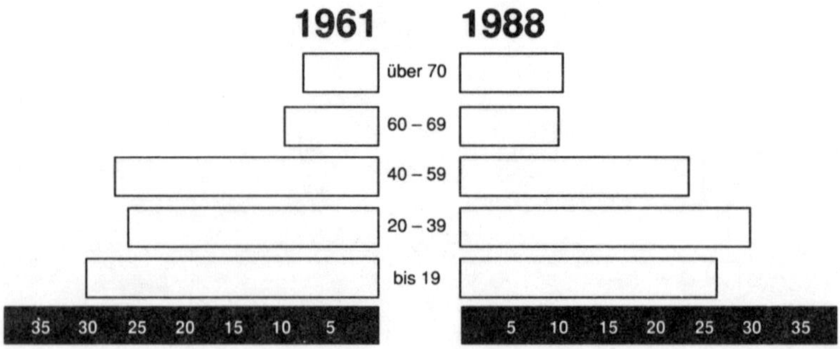

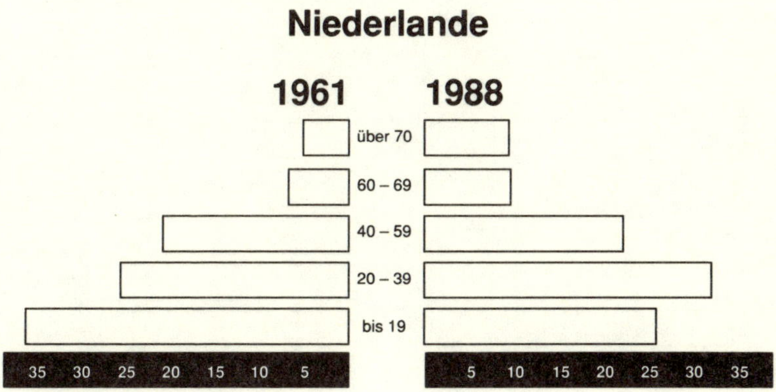
Niederlande
1961
1988
über 70
60 – 69
40 – 59
20 – 39
bis 19
35 30 25 20 15 10 5
5 10 15 20 25 30 35

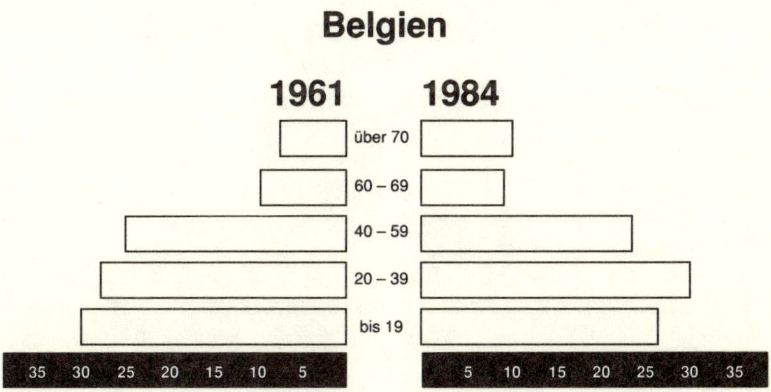
Belgien
1961
1984
über 70
60 – 69
40 – 59
20 – 39
bis 19
35 30 25 20 15 10 5
5 10 15 20 25 30 35

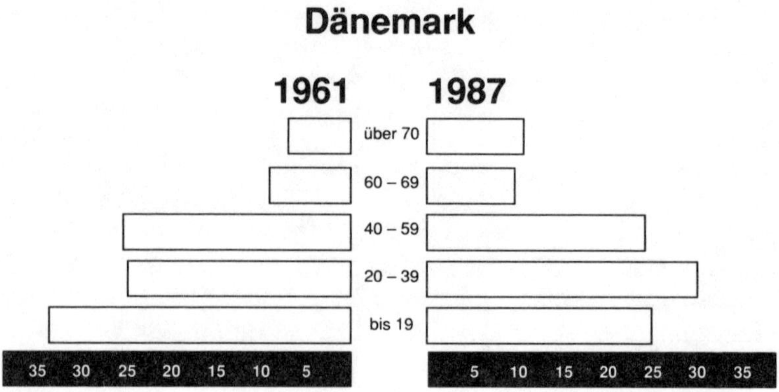
Dänemark
1961
1987
über 70
60 – 69
40 – 59
20 – 39
bis 19
35 30 25 20 15 10 5
5 10 15 20 25 30 35

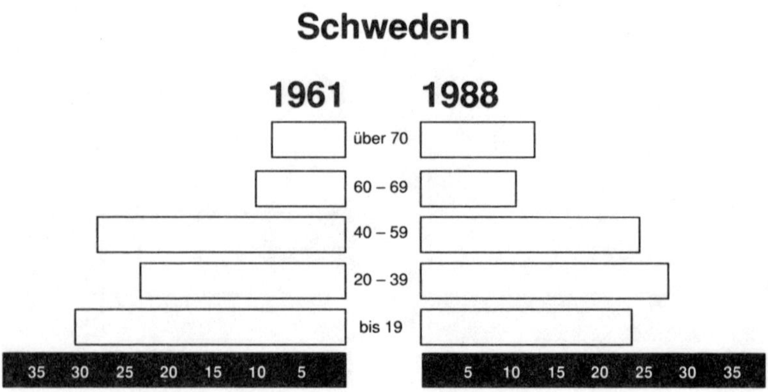
Schweden
1961
1988
über 70
60 – 69
40 – 59
20 – 39
bis 19
35 30 25 20 15 10 5
5 10 15 20 25 30 35

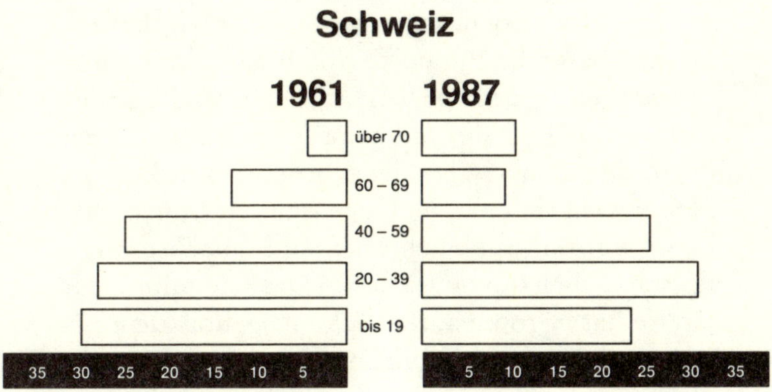
Schweiz
1961
1987
über 70
60 – 69
40 – 59
20 – 39
bis 19
35 30 25 20 15 10 5
5 10 15 20 25 30 35

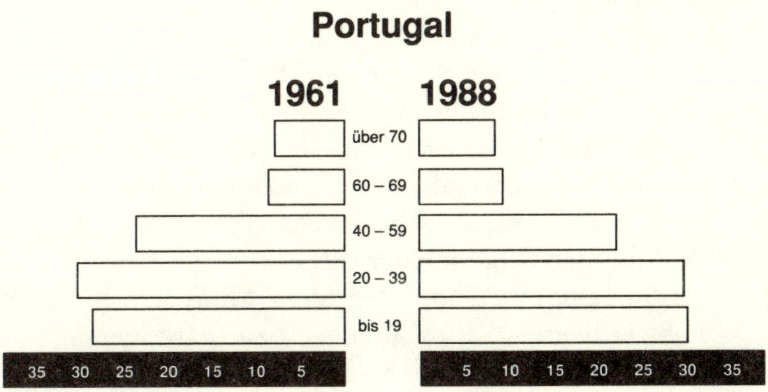
Portugal
1961
1988
über 70
60 – 69
40 – 59
20 – 39
bis 19
35 30 25 20 15 10 5
5 10 15 20 25 30 35

anders aus als noch, sagen wir, vor fünfzig Jahren. Damals hatte die Pyramide durch das Überwiegen der jungen Jahrgänge einen breiten und beruhigenden Sockel, der mühelos den Aufbau nach oben, der immer schmäler wurde, tragen konnte. Heute wird vielfach, im Gegensatz zu früher, eine Figur geformt, die nach oben zu breiter ist. Viele Forscher behaupten schon: Das Zeitalter der Greise hat begonnen, die Zukunft gehört dem Alter. Und tatsächlich bilden nach einer jüngsten Studie die 85jährigen den am raschesten wachsenden Bevölkerungsanteil in den Vereinigten Staaten.

In diesem Zusammenhang möchte ich ein Problem berühren, das mir ganz besonders am Herzen liegt. Man hört nämlich angesichts dieser Umschichtung immer wieder den Stoßseufzer der jüngeren Jahrgänge: „Ja, wie sollen wir weniger Werdenden dann das Heer der Pensionisten und Rentner erhalten?“ Erst jüngst wurde in einer Studie wörtlich darauf hingewiesen, daß ab dem Jahr 2015 ein Aktiver zwei Pensionisten wird erhalten müssen. Ich möchte unmißverständlich klarstellen: Die Pensionisten und Rentner erhalten allemal sich selber, sie leben von den Pensionsbeiträgen, die sie während ihres jahrzehntelangen, oft recht harten Berufslebens eingezahlt haben. Es wird die stete Pflicht einer verantwortungsbewußten Sozialpolitik sein, allen alten Menschen ihre wohlverdienten „Ruhegenüsse“ zu garantieren. Dabei kann es natürlich passieren, daß dazu in naher Zukunft die Pensionsbeiträge angehoben werden müssen. Vor kurzem hat Peter M. Lingens in einem „Die Pensionslüge" betitelten Artikel gemeint, daß dies schon längst hätte geschehen müssen. Vielleicht hat er dabei ein wenig übertrieben, aber es stimmt auf jeden Fall, daß man dieses Problem nicht auf die lange Bank schieben darf.

Wem verdanken wir die sensationelle Entwicklung der Lebenserwartung vor allem? Außer Zweifel der Medizin. Allein die Reduktion der Säuglingssterblichkeit fällt hier enorm ins Gewicht, ebenso der Fortschritt der technischen Medizin, der vielen Menschen, die früher rettungslos verloren gewesen wären, noch zahlreiche schöne Jahre beschert. Aber, so müssen wir fragen: Sind die Menschen auch glücklich über die Verlängerung ihrer Lebenszeit? Im Grunde natürlich schon. Aber der Teufel steckt im Detail, besser gesagt in den Details. Man hat den Eindruck, daß die Lebensdauer sozusagen davonläuft, aber der Körper und vielmehr noch die Seele scheinen mit diesem Tempo nicht ganz mitzukommen. Daher wird gar nicht so selten in diesem Zusammenhang von einem „zweifelhaften Genuß" gesprochen, und M. Dietzel sagt treffend: „Es zeigt sich, daß der Mensch älter wird, als es seine Seele verkraften kann."

Meine Meinung dazu ist folgende: Wenn die Lebensverlängerung vor allem der Medizin zu verdanken ist, dann muß es wohl auch Aufgabe der Medizin sein, den Menschen zu ermöglichen, diesen gewonnenen Zeitabschnitt tatsächlich genießen zu können. Genau diesem Ziele dient dieses Buch. Vorwiegend die technisierte Medizin hat, wie gesagt, für die Lebensverlängerung gesorgt. Zu helfen, daß diese Zeit sinnvoll gestaltet wird, ist Aufgabe der psychosozialen Medizin, als deren Vertreter und Vorkämpfer ich mich mit Stolz bezeichnen darf. (Man hätte das Institut für Medizinische Psychologie, das ich aufgebaut habe, ebenso Institut für Psychosoziale Medizin nennen können.)

Der Prozeß, für den ich hiermit eintrete, ist um so notwendiger, als die Wissenschaft in unserer immer schneller sich fortbewegenden Zeit – kaum zu glauben – schon wieder dabei ist, an einem weiteren Schritt der Lebenszeiterweiterung zu arbeiten (obwohl wir den letzten noch gar nicht bewältigt haben). Schon rechnen die Forscher für das Jahr 2030 mit einer mindestens um drei Jahre und maximal um zehn Jahre höheren Lebenserwartung. Dies führt mich zu einem kurzen Exkurs über die Vorstellungen der Wissenschaft, wodurch denn der Alterungsprozeß überhaupt verursacht wird.

Es gibt diesbezüglich, grob gesprochen, drei Theorien: Die erste ist die Fehlertheorie, welche vermutet, daß in fehlerhaft leitenden Enzymen und Schäden in der Erbsubstanz die Hauptursachen für das Altern zu finden sind. Die Anhänger dieser Theorie meinen, daß also gleichsam eine Entartung der Zelle das Altern besiegle. Freilich weisen andere Forscher mit Recht darauf hin, daß das Musterbeispiel einer entarteten Zelle die Krebszelle sei, bei der aber ein Alterungsprozeß überhaupt nicht stattfindet.

Die zweite Theorie des Alterns könnte man als Programmhypothese bezeichnen. Diese Forscher nehmen an, daß sich in jeder Zelle ein Gen befindet, welches wie eine Uhr funktioniert. Durch die Geburt aktiviert, erlaubt es jeder Zelle nur eine gewisse Anzahl von Teilungen, und dann ist die Uhr gleichsam abgelaufen, und als letztes wird das Signal zum Absterben gegeben.

Nun gibt es auch eine dritte Theorie (Martina Steinhardt), der ich mich persönlich am ehesten zuneigen möchte. Diese besagt, daß eine Zelle so lange nicht altert, als sie vor neue Aufgaben gestellt wird, welche sie zu weiteren Differenzierungen zwingt. In dem Moment, in dem das letzte Differenzierungsprogramm erfüllt ist und somit kein neues mehr aktiviert wird, beginnt die Zelle zu altern. Diese These würde mir deswegen so einleuchtend erscheinen, weil damit auch der seelische Bereich angesprochen ist, und in der Tat kann man immer wieder sagen, daß Menschen, die sich neue Ziele setzen und nicht mit dem Aufwachsen und Kinderkriegen ihr Leben als abgeschlossen betrachten (die also weit über ihre biologischen Funktionen hinaus denken), damit ihr Leben wesentlich verlängern können.

Welche Theorie aber auch immer stimmen mag, alle drei (besonders die Gentheorie) eröffnen

Chancen für Experimente, die wahrscheinlich tatsächlich früher oder später zu einer längeren Lebensdauer führen müssen. Es ist also anzunehmen, daß in absehbarer Zeit noch mehr Menschen als jetzt vom Alter betroffen sein werden. Die Frage bleibt allerdings im Raum stehen: Ist das zu wünschen, oder ist es vielleicht eine Horrorvision? Die Antwort kann nur gegeben werden durch Erörterung des Problems: Was machen wir derzeit aus den Altersjahren, und was könnten wir noch Besseres aus ihnen machen?

II.

Die positiven Seiten des Alters

Es ist eine auffallende Tatsache, daß jeder Mensch dem Alter außerordentlich ambivalent gegenübersteht. Wir wünschen unseren Freunden, sie möchten recht alt werden, gratulieren ihnen zu erreichtem hohem Alter und wünschen wohl ähnliches für uns selbst. Aber auf der anderen Seite fürchten wir uns auch vor dem Alter, verbinden es oft mit recht negativen Vorstellungen und Assoziationen und können nicht recht an so etwas wie die „Freuden des Alters" glauben. Mit anderen Worten, fast alle wollen alt werden, aber niemand will alt sein.

Vielerorts finden wir deshalb die tiefe Sehnsucht, vom Alter verschont zu bleiben, den Traum von der ewigen Jugend, das Märchen vom Jungbrunnen, von den Äpfeln der Hesperiden oder den gleichen Früchten der Freia. Auch die Dichter bewegt dieses Problem immer wieder, wobei aus dem deutschen Sprachraum nur zwei so bedeutende Werke wie der Goethesche Faust und der Raimundsche Bauer als Millionär erwähnt sein mögen. Viele wollen, wenn irgend möglich, ja fast um jeden Preis jung bleiben, und wenn wir jemandem sagen, daß er viel jünger aussieht, als es seinem Alter entspricht, so haben wir ihm ein heißbegehrtes Kompliment gemacht, und er wird, wenn er uns glaubt, gleichgültig ob Mann oder Frau, unser Freund sein.

Nicht zuletzt kommt diese Sehnsucht nach ewiger Jugend auch zum Ausdruck in immer zahlreicheren Versuchen, Verjüngungskuren durchzuführen. Abgesehen davon, daß ihr Wert in den meisten Fällen medizinisch gesehen äußerst problematisch ist, kann der Trend zu solchen Kuren, der heute überall festzustellen ist und der zu einer Art Modekrankheit auszuarten droht, vom psychologischen Standpunkt nur als die Folge eines völligen Mißverstehens der Problematik des Alterns und des Alters angesehen werden, wie wir noch später zeigen werden.

Diese Ambivalenz macht sich auch in der Einstellung der Schriftsteller bemerkbar; so sagt Knut Hamsun in seiner trockenen und nüchternen Art: „Das Alter macht alt, sonst nichts. Wenn man dir etwas anderes einreden will, glaube es nicht!“ – eine Stellungnahme, die wohl durch den Pessimismus des großen Erzählers geformt ist. Aber man kann auch andere Zitate anführen, zum Beispiel die italienische Einstellung, die in folgendem Sprichwort zum Ausdruck kommt, das übersetzt etwa so lautet: „Das Alter ist eine Krankheit, außer wenn es zur Transparenz des Lichtes wird."

Im folgenden möchte ich zwei Gedichte zitieren, die in ihrem Inhalt voneinander so verschieden sind, daß man kaum glauben mag, sie handelten vom gleichen Gegenstand. Das erste:

Der Greis
von Christian Friedrich Daniel Schubart

Die bösen Tage sind kommen;
da sind sie nun, die Jahre,
von denen ich sagen muß:
Leer sind sie mir von Freuden!
Sonne, Licht, Mond und Sterne
dunkeln um mich; ich sehe nur Wolken
und höre nur rasselnden Regen.
Die Hüter meiner Leibeshütte, die Hände, zittern.
Es krümmen sich die Starken, meine Füße.
Meine Zähne, die Mühlenmägde,
haben Feierabend gemacht.
Aus den Fenstern der Augen blicken nicht mehr
freundlich lächelnde Geister.
Verschlossen sind die Türen nach der Straße,
denn vergebens horcht das Ohr nach Vogellaut;
verstummt sind ihm die Töchter des Gesangs.
Schwindelnd fürcht' ich mich auf dem Hügel
und schrecke beim Tritt auf ebenem Wege.
Gleich dem Mandelbaume blüht mein Scheitelhaar.
An meinem Stabe zusammengekrümmt,
bin ich der Heuschrecke gleich.

Vertrocknet ist in mir die Lust.
Bald werd' ich beziehen mein ewiges Haus –
und die Kläger werden beflort gehen auf den Gassen.

Das zweite Gedicht:

Im Abendrot
von Karl Lappe

O wie schön ist deine Welt,
Vater, wenn sie golden strahlet!
Wenn dein Glanz herniederfällt
und den Staub mit Schimmer malet,
wenn das Rot, das in der Wolke blinkt,
in mein stilles Fenster sinkt!
Könnt' ich klagen, könnt' ich zagen?
Irre sein an dir und mir?
Nein, ich will im Busen tragen
deinen Himmel schon allhier,
und dies Herz, eh es zusammenbricht,
trinkt noch Glut und schlürft noch Licht.

Wer hat recht? Ich glaube, beide, weil eben beides möglich ist. Das zitierte italienische Sprichwort gibt uns vielleicht die richtige Antwort: Der Zeitabschnitt des Alters kann positiv oder negativ gestaltet beziehungsweise erlebt werden. In welche Richtung diese Verarbeitung geht, das hängt ganz entscheidend von der betreffenden Persönlichkeit ab. Hier werden die Schattenseiten des Alters nicht verschwiegen werden. Und es wird eine

Lanze gebrochen werden dafür, daß die alten Menschen, die der Kunst der Medizin nun ein verlängertes Leben verdanken, nicht Stiefkinder unserer Kultur sein dürfen.

Aber auf der anderen Seite gibt es Menschen, die mit dem Alter nicht nur zufrieden sind, sondern die erst jetzt richtig glücklich erscheinen und deren Glück gleichsam wie überirdisch ihre ganze Umgebung verklärt. Die folgenden Ausführungen sollen sich jetzt mit der Frage beschäftigen, wie es gelingen kann, zu jenem Glücksgefühl zu finden, welches die Erkenntnis der positiven Seiten des Alters vermittelt.

Gehen wir zu diesem Zwecke von jener Grundeinstellung aus, die, wie wir sagen, charakteristisch ist für die psychische Haltung des alten Menschen. Sie ist gekennzeichnet durch folgende fünf Punkte:

1. Der alte Mensch neigt zum Konservativismus, er hat eine besondere Affinität zu altvertrauten Gedankengängen und ist eher geneigt, Neues abzulehnen.

2. Es tritt eine Reduktion der körperlichen wie seelischen Elastizität und eine gewisse Verlangsamung aller Leistungen auf.

3. Es fällt den alten Menschen ausgesprochen schwer, neue libidinöse Beziehungen anzuknüpfen.

4. Beim alten Menschen findet sich eine Tendenz zur Regression, er wird oft kindisch und

wendet sich, dem Säugling ähnlich, besonders der Beschäftigung mit seinem eigenen Körper zu.

5. Der alte Mensch kehrt sich ab von der Zukunft, die für ihn nur Abstieg und Tod bedeutet, und auch von der Gegenwart, die für ihn durch Krankheit, Unsicherheit sowie die Angst, von der Jugend verdrängt zu werden, entwertet erscheint. Statt dessen richtet sich sein Blick immer mehr in die Vergangenheit, in eine Zeit, in der er noch ganz „auf der Höhe der Situation“ war. Dementsprechend erscheint diese Vergangenheit in einem rosigen Licht, sie wird zur „guten, alten Zeit“ verklärt. Diese Rückwendung zur Vergangenheit ist auch neben den psychologischen Ursachen physiologisch bedingt, denn das Gedächtnis, besonders das Frischgedächtnis, hat nachgelassen, während das Altgedächtnis noch voll funktioniert. Es ist dieser Vorgang zu vergleichen mit dem Nachlassen der Beleuchtungsintensität in einem Saal. Wird die Lichtquelle schwächer, so wird nur das beleuchtet werden, was besonders wichtig erscheint, während Unwichtiges und Unangenehmes gern im Dunkeln gehalten wird.

Im Zusammenhang mit dieser durch die obigen fünf Punkte gekennzeichneten Grundeinstellung des alten Menschen ist die folgende Feststellung äußerst wichtig: Es handelt sich dabei um mögliche und häufige, aber durchaus nicht zwanghaft unvermeidliche Reaktionen der Persönlichkeit auf die Tatsache des Alterns. Das Wesen des Alters mag zu diesen Verhaltensweisen verleiten beziehungsweise sie nahelegen, der Mensch kann sie aber überwinden, er kann gerade in Auseinandersetzungen mit ihnen das Gegenteil davon erreichen und damit dem Alter besonders positive Seiten abgewinnen.

Eines steht jedenfalls fest: Für jeden einzelnen Menschen bedeutet das Erleben des Altwerdens etwas ganz individuell Persönliches. Diese Feststellung sei nun an Hand der angeführten fünf Punkte bewiesen.

ad 1. Konservativismus

Junge Menschen sind immer auf der Suche nach neuen Ideen, aber in dieser ihrer Suche auch immer wieder enttäuscht. Demgegenüber zeigt der alte Mensch eine starke Bindung an die Tradition, aufbauend auf seinem Erfahrungsschatz, der im Alter im Rückblick auf Tausende erlebte und mehr oder minder bewältigte Situationen seinen Gipfel erreicht. Eine solche größere Erfahrung verbindet sich dann auch mit einem besseren Überblick und dem immer mehr erweiterten Horizont. Aber was hätten alle diese eminenten Vorzüge für einen Sinn, wenn sie nicht benützt würden zu einer echten, unvoreingenommenen Auseinandersetzung, auch mit dem Neuen? Der alte Mensch ist durchaus fähig, Neues aufzunehmen, er ist auch fähig, das Neue mit dem Alten strukturell zu verbinden und damit zwischen Vergangenheit und Zukunft die Brücke herzustellen. Jener einseitige Konservativismus, der versucht, das Fortschreiten der Welt aufzuhalten, kann nicht die Lösung sein. Er wird letztlich zu einer völligen Isolierung führen, wie sie am besten Hebbel ausgedrückt hat, wenn er den Meister Anton in „Maria Magdalena“ sagen läßt: „Ich verstehe die Welt nicht mehr.“

Aus einer solchen Verbindung zwischen alten und neuen Gedankengängen wird sich das ergeben können, was man sehr zu Recht als die „Weisheit des Alters“ bezeichnet hat. In diesem Zusammenhang darf daran erinnert werden, daß gerade in unserem Jahrhundert das Schlagwort von den „großen alten Männern“ geprägt werden konnte, weil tatsächlich die Politik von Menschen in hohem Lebensalter maßgeblich geformt worden ist. Voraussetzung hierfür war eben jene Fähigkeit, Lebenserfahrung mit Offenheit gegenüber der Welt und ihren neuen Anforderungen zu vereinigen. So war es einigen wenigen Großen möglich, die Weltstruktur zu verbessern. Eine neue Unordnung trat erst auf, als diese Persönlichkeiten als Folge ihres physiologischen Absinkens versagten. Man wende aber hier nicht ein, daß diese Gesichtspunkte nur für einige wenige Auserwählte gelten können, jedoch nicht für den Durchschnitt der Menschen. Diese Weisheit des Alters kann, natürlich individuell in verschiedenem Maße, jedem zuteil werden, der bereit ist, eine Synthese des Alten und des Neuen vorzunehmen.

In einem afrikanischen Märchen setzt der König einen alten Mann zum 1. Minister ein und sagt zu ihm: „Deine Weisheit soll künftig mein Königreich leiten, denn was ein alter Mann im Sitzen sieht, sieht ein junger nicht einmal im stehen."

ad 2. Reduktion der körperlichen und seelischen Elastizität und Verlangsamung aller Leistungen

Sie ist identisch mit einer geringeren Palette von möglichen Reaktionen und auch mit einer verzögerten Reaktionstendenz, welche im Negativen zu einem gewissen Leistungsabfall führen werden. Aber im Positiven gewinnt dadurch der Mensch auch einen größeren Abstand zu den verschiedenen Problemen, vor die er sich gestellt sieht. Dort, wo der junge Mensch sich von seinen ungezügelten Kräften und Emotionen gedrängt und getrieben fühlt, zu raschen, unüberlegten, oft kurzschlußartigen, später als voreilig bereuten Reaktionen, kann der alte seine Ruhe und sein Gleichgewicht bewahren. Ein typisches Beispiel dafür unter vielen anderen wäre der alte Mensch am Steuer eines Autos: bestimmt wird er langsamer sein, dafür aber auch vorsichtiger und verantwortungsbewußter. Nur aus dieser Tatsache heraus ist es zu erklären, daß der alte Mensch prozentuell überraschend selten an Unfällen beteiligt ist.

Hier ist auch die Gelegenheit, daran zu erinnern, daß der alte Mensch, wie gerade unser Jahrhundert gezeigt hat, am wenigsten anfällig ist für die verschiedenen Irrlehren der Zeit, eben weil er jene so wertvolle prüfende Reserviertheit nicht aufgibt. Sie erst vermittelt uns jene Distanz, die die innere Freiheit vom Reagierenmüssen bedeutet und die es auch ermöglicht, in kurzer Zeit Wesentliches vom Unwesentlichen zu unterscheiden.

Hier liegen also zwei Eigenschaften vor, deren positive Seiten nicht unterschätzt werden sollten, deren negative Folgen aber sorgfältig bekämpft werden müssen. Somit wird schon deutlich, daß die Entdeckung der Vorzüge des Alters ohne Arbeit am eigenen Ich unmöglich ist. Man braucht also Aktivität und Training. Wer rastet, der rostet.

Vielleicht hat die Tatsache, daß man im Deutschen den Berufstätigen als Aktiven bezeichnet, dazu geführt, daß man Pension mit Passivität gleichsetzt. Vielleicht spielt dabei auch eine Rolle, daß diese beiden Worte mit dem gleichen Buchstaben P beginnen. Und dann schließlich noch das fatale Wort „Ruhestand". Ich kann nur bitten: Kein Ruhestand im Ruhestand! Leopold Rosenmeyer, der Meister der soziologischen Betrachtung des Alters, hat gemeint: „Die Jugend dient scheinbar dem Lernen, das mittlere Lebensalter der Arbeit und das Alter der Erholung. Aber", fügte er hinzu, „wenn man gesund und glücklich bleiben will, müssen in allen drei Perioden alle drei Faktoren vertreten sein. Wer lernt, verrichtet auch Arbeit und braucht Erholung. Wer arbeitet, darf nicht aufhören zu lernen und sich zu erholen (Mach mal Pause!). Und so wäre es verhängnisvoll, wenn der alte Mensch nicht bereit wäre, weiter zu arbeiten und weiter zu lernen." Wir sind damit mitten in der Pensionsproblematik, und ich versuche bei dieser drei Gruppen zu unterscheiden, wobei es natürlich auch fließende Übergänge geben mag.

a) Die sogenannten Durchschnittsmenschen, welche die überwiegende Mehrzahl darstellen und an deren Situation man sich dementsprechend auch psychohygienisch zu orientieren hat.

Diese Situation sieht in der Regel so aus: Der Beruf wird akzeptiert, aber doch vorwiegend als Broterwerb, als Möglichkeit, mit der man sich und die Familie erhält. Das Leben beginnt erst richtig, wenn man die Arbeitsstätte verläßt und sich dann der Tätigkeit hingeben kann, die man eigentlich liebt – wie immer dieses Hobby auch heißen mag. Aus einer solchen Einstellung wird man durchaus verstehen, daß die Pensionierung, die Berentung durchaus akzeptiert wird. Dann erst erscheint es für diese Menschen möglich, sich ganz ihren privaten Freuden zu widmen — sie nennen das „neue Freiheit" — und gleichsam das bisherige Hobby zu ihrer Hauptbeschäftigung zu machen. Wie oft hört man in diesem Zusammenhang vom alten Menschen den Ausspruch: „Ich habe mich in meinem Leben genug geplagt, damit habe ich mir reichlich verdient, daß ich nun endlich meinen persönlichen Wünschen leben kann." Es scheint nicht erlaubt, von einem intellektuellen Standpunkt aus über eine solche Orientierung verächtlich die Nase zu rümpfen, handelt es sich doch dabei um eine Saturierung urmenschlicher Wünsche, die gleichsam aus dem kollektiven Unbewußten aufsteigen und als durchaus positive Werte des menschlichen Daseins im Alter anzusehen sind. In diesem Zusammenhang auch ein Wort über die Familie im Alter.

Jetzt ist der Mann jedenfalls viel mehr und öfter zu Hause als früher, und damit wird es besonders wichtig, daß dort eine gute Atmosphäre herrscht. Man sollte also nicht vergessen, daß gerade vom Verhalten der Frau in diesem Zeitabschnitt vieles abhängt. Die Frau dürfte also kein Stiefkind der psychohygienischen Bemühungen in der Altersperiode sein. Viele Frauen widmen sich auch noch in diesem Alter dem Haushalt und sehen in dieser Tätigkeit einen positiven Aspekt, aber sie benötigen natürlich wie alle anderen Menschen auch entsprechende Anerkennung, und es ist die Frage, ob diese ihnen zuteil wird.

Eines ist klar: die Pensionierung verändert den Tagesablauf total. Man hat jetzt viel mehr Zeit, und die entscheidende Aufgabe lautet, dabei kein Vakuum aufkommen zu lassen: denn dieses kann leicht zu dem gefürchteten Knick in der Persönlichkeitsentwicklung führen, den man bei manchen Menschen im Alter feststellen muß. Nicht: Zeit vertreiben oder gar: die Zeit totschlagen. Sondern: sich Zeit nehmen für Sinnvolles!

Ich habe einmal in einem an und für sich gut eingerichteten Altersheim gesehen, wie Menschen dort stundenlang vor sich hin dösten, ins Leere schauten. Dieser Weg führt ganz konsequent in die Verödung der Persönlichkeit, die oft ein Vorstadium daraus resultierender „Verblödung“ (siehe später) wird. Die schon während der Arbeitszeit entwickelten Hobbys mögen eine gute Hilfe sein zur besseren Um- und Durchgestaltung des Tagesablaufs im Ruhestand. Aber es ist durchaus wünschenswert und auch möglich, zusätzlich neue Interessengebiete zu entdecken und zu kultivieren. Besonders möchte ich hier auf die Möglichkeit verweisen, innerhalb der Familie mehr füreinander Zeit zu haben. Wo aber der Mann glücklich war, wenn er von zu Hause in den Beruf fliehen konnte (oft als Arbeitswut getarnt), und die Frau froh war, endlich allein sein zu können, dort wird diese Umstellung besonders schwerfallen.

So wird die Pensionierung unvermeidlich die Familie vor die Aufgabe stellen, die Struktur ihrer Beziehungen neu zu überdenken. Schließlich muß dabei auch noch bedacht werden, daß ja gerade in den letzten Jahrzehnten erfreulicherweise viele Frauen selber berufstätig geworden sind, die damit auch von einer gewaltigen Umstellung ihrer Zeiteinteilung nach der Pensionierung betroffen sind.

b) Es gibt eine Gruppe von Menschen, die sich intensiv nach der möglichst frühzeitigen Pensionierung sehnen. Sie legen sozusagen einen Stundenfresser an und können den Tag ihrer „Erlösung“ kaum erwarten: Die Frühpensionierung ist ihr Ziel.

Diese Gruppe ist gerade in letzter Zeit in beunruhigendem Ausmaß angestiegen, und der Österreicher geht jetzt im Durchschnitt bereits mit 57 Jahren in Pension. Der Präsident der Arbeiterkammer, Heinz Vogler, hat in diesem Zusammenhang gewarnt: „Österreich droht ein Volk von Invaliden zu werden.“

Es wäre falsch, alle diese Menschen als „Tachinierer“, als Regressive oder Schmarotzer, die untätig von anderen erhalten werden wollen, zu bezeichnen. Sie sind nämlich oft auch Opfer einer körperlich und (oder) seelisch zermürbenden Berufstätigkeit (was kränkt, macht krank). Besonders muß in diesem Zusammenhang auch auf eine Gruppe Spätvierziger und Fünfziger hingewiesen werden, die ihren Dienstgebern zu kostspielig geworden sind und auf die Abschußliste gesetzt werden. (Nicht zuletzt deswegen ist der Anteil dieser Altersgruppe an der Arbeitslosigkeit so hoch, weil diese Menschen dann kaum noch eine neue Anstellung finden.) Sie werden zum Opfer eines menschenunwürdigen Schauspiels: Für den Dienstgeber sind sie arbeitsunfähig, für den Begutachter aber für eine Frühpensionierung nicht krank genug.

Wenn es die Aufgabe der Medizin ist, den Menschen älter werden zu lassen und es ihm gleichzeitig auch zu ermöglichen, diese gewonnenen Jahre in körperlich und seelisch gutem Zustand verbringen zu können, so wird diese Aufgabe selbst durch die Zuerkennung der Frührente allein nicht in befriedigender Weise gelöst. Denn es zeigt sich, daß jene regressive Haltung, von der diejenigen Personen, die nach Frühpensionierung streben, getrieben sind – die sicherlich unbeabsichtigt durch die Grundtendenz des Wohlfahrtsstaates gefördert wird –, nicht ausreicht, um nach Erreichung des Zieles die Zufriedenheit und das Wohlbefinden des Menschen im psychosomatischen Sinne zu garantieren. Im psychischen Bereich ist auffällig, daß gerade in das Vakuum, das durch die Untätigkeit dieser Frührentner gegeben ist, gehäufte neurasthenische Beschwerden als Ausdruck überhandnehmender Unlustgefühle einfließen. Im Somatischen aber zeigt es sich, daß die Frührentner immer höhere Sterbezahlen aufweisen. Dieses Phänomen läßt sich nur so erklären, daß der in der regressiven Haltung erstarrte Frührentner nicht jene Spannung aufbringt, die man mit gutem Grund als Lebenselixier bezeichnet hat. Dieser gleichsam turgorlose Zustand führt dazu, daß die eigenen Abwehrkräfte nicht entsprechend geübt werden und die Betreffenden dadurch viel mehr gefährdet erscheinen, von einer über sie hereinbrechenden Krankheit überwältigt zu werden. Es sinkt also in diesem System, so merkwürdig es klingt, die Lebenserwartung, die zunächst durch die Leistungen der Medizin so gestiegen ist, wieder ab. Auch dies kann statistisch nachgewiesen werden. So hat zum Beispiel Österreich jetzt eine überdurchschnittlich hohe Sterblichkeitsziffer, besonders bei Männern zwischen 50 und 70 Jahren.

c) Eine dritte Gruppe zeigt bezüglich der Pension eine komplett entgegengesetzte Haltung. Vertreter der höheren Mittelschicht und der intellektuellen Berufe fürchten sich vor ihr wie der Teufel vor dem Weihwasser. Für sie ist gewöhnlich ihre berufliche Leistung mit ihrem Glück identisch, und sie haben daher in der Regel für nichts anderes Zeit als für sie.

Die Vorstellung, einmal in Pension gehen zu müssen, nicht mehr arbeiten zu dürfen, gleicht daher für sie einem Alptraum, die Freizeit ist ein Begriff, mit dem sie nie gelernt haben, Sinnvolles, wirklich Erfreuendes anzufangen. Wir wissen aus zahlreichen Untersuchungen – hier seien nur die Namen Jores und Ziedek genannt –, was gerade im psychosomatischen Bereich die plötzliche Pensionierung gleichsam wider den eigenen Willen für Folgen haben kann.

Es kann nicht als Zufall bezeichnet werden, daß viele Menschen in jenem Moment, wo sie zugleich mit der Arbeit auch ihren Lebensinhalt verloren haben, automatisch auch jenen vitalen Elan einbüßen, der die Voraussetzung für die Erhaltung der Homöostasie ist, und schließlich einen Tod sterben, der als die somatische Folge der psychisch gegebenen Hoffnungslosigkeit aufzufassen ist (sehr zu Recht von Jores und Puchta als Pensionierungstod bezeichnet). Vor nicht langer Zeit ging eine diesbezügliche symbolische Meldung durch die österreichische Presse: Ein Mann hatte durch Jahre gegen seine vorzeitige Pensionierung prozessiert; als er schließlich den ablehnenden Bescheid der höchsten und letzten Instanz durch die Post zugestellt bekam, fiel er beim Lesen der Nachricht, vom Schlag getroffen, tot zusammen.

So bringt also für den ausgesprochen geistig Tätigen in der Regel die Pension jedenfalls fürs erste nichts mit sich, worin er positive Werte sieht, wenn er sich nicht rechtzeitig auf diese neue Situation einstellt, ihre Möglichkeiten ausnützt und vielleicht von den sogenannten „einfachen Menschen" (siehe Gruppe a) etwas lernt.

Was kann man diesen Menschen raten? Vielfach handelt es sich um Persönlichkeiten, die im Grunde (teils bewußt, teils unbewußt) auf ihre Machtposition nicht verzichten wollen. Ich werde nie vergessen, wie mein Lehrer Hans Hoff, der selber unmittelbar vor der Pensionierung stand, reagierte, als ein Kollege, der zwei Jahre früher emeritiert war, ihm berichtete, daß man nach dem Ausscheiden über Nacht für alle anderen uninteressant und von ihnen dementsprechend gemieden werde: Er wurde ganz blaß, brachte kein einziges Wort hervor und entwickelte wenige Tage später den Wunsch, noch im Vollbesitz seines Amtes zu sterben.

Man muß daher frühzeitig den Abschied von der Macht üben und nach Werten suchen, welche die Pensionierung überdauern können. Hier wäre eigentlich sehr vieles anzubieten. Vergessen wir zum Beispiel nicht, daß ein Großteil dieser Persönlichkeiten in ihrem Alter von Schülern – nicht nur im eigentlichen Sinn des Wortes – umgeben sind. Sofern sie die richtige Einstellung zu ihnen entwickelt haben, werden alle „Schüler" eigenständige Persönlichkeiten geworden sein, die dem „Lehrer" nicht nur die Möglichkeit geben, ihren Weg mit Spannung mitzuerleben, sondern die auch in einem gewissen Sinne durch die vielen individuellen Schattierungen, die sie dabei entwikkeln, das Bild möglichst bunt gestalten. Fischer hat, um einen weiteren Punkt zu bringen, in seinen Untersuchungen sehr lebendige Darstellungen über anhaltend gute Leistungen, ja sogar Höchstleistungen, auch im Alter, gegeben. Offenbar kann man hier drei Möglichkeiten unterscheiden:

1. Es ist zum Beispiel möglich, daß eine Persönlichkeit bestimmte Ideen seit der Jugend langsam in sich aufbaut, aber erst im Alter jene Übersicht und jenen Mut gewinnt, die nötig sind, um dieser Idee praktischen Ausdruck zu verleihen und um ihre Realisierung zu kämpfen.

2. Es ist auch möglich, daß ein Mensch erst im Alter die Fähigkeit verspürt und die Berufung in sich fühlt, sich ganz bestimmten neuen Gebieten mit aller Kraft zuzuwenden. So hat Theodor Fontane seinen ersten Roman „Vor dem Sturm" am Ende seines sechsten Lebensjahrzehnts und seinen

größten, den „Stechlin“, in seinen späten Siebzigern geschrieben. Kant vollendete seine Hauptwerke jenseits des 60. Lebensjahres. Tizian schuf die zweite Fassung seiner „Dornenkrönung“, als er bereits weit in den Achtzigern war.

3. Schließlich muß noch auf den möglichen Stilwandel im Rahmen des Alters bei Persönlichkeiten, die schon früher große Leistungen vollbracht hatten, hingewiesen werden.

Drei typische Beispiele dafür seien angeführt: Shakespeare hat in seinem Schwanengesang, dem „Sturm“, eine ganz neue Ausdrucksform gefunden, weswegen sich dieses Stück mit keinem anderen seiner übrigen Werke vergleichen läßt. Oder man stelle nebeneinander: die jugendliche Pietà Michelangelos und das gleiche im Alter geschaffene Werk; deutlicher kann die gewaltige, zur Verinnerlichung führende Entwicklung einer menschlichen Persönlichkeit nicht ausgedrückt werden. Als letztes schließlich unter vielen anderen möglichen Beispielen sei Verdi angeführt, der in seinen Alterswerken „Othello“ (mit 74) und „Falstaff“ (mit 80) einen völlig neuen Stil fand. Da er sich in beiden erstmalig der sogenannten Leitmotive bediente, wurde ihm zu Unrecht der Vorwurf gemacht, es hänge dies mit einer Nachahmung Wagners zusammen. In Wirklichkeit hatte Verdi damit nur jenen Weg der Vollendung beschritten, der sich in ihm selbst abgespielt hatte. Ich möchte an dieser Stelle zitieren, was der Kritiker der „Neuen Freien Presse“ am 13. 2. 1893 über die „Falstaff“-Premiere in Mailand schrieb: „Verdis Erfindungs- und Gestaltungskraft hat gestern ungeahnte ‚Urständ‘ gefeiert, und nur verjüngt steigt sein Genius zum Staunen Italiens und der ganzen Welt zu lichtvolleren Höhen empor. Abgeklärt von allem Schwulste, fern von allen jenen verwirrenden Klanggeflechten, in welchen er sich bis in die letzten Zeiten gefiel, strömt ihm hier die Flut der Melodien, von lächelnden Kobolden der Komik umhüpft, in sprudelnder Fülle dahin. Alle Zuhörer mußten sich schließlich kopfschüttelnd, aber bedingungslos dem auf sie einströmenden Zauber ergeben und der markigen, lebendigen Erscheinung des ehrwürdigen Greises ihre Huldigung darbringen.“

Ich will jedoch ausdrücklich bemerken, daß ein solcher Stilwandel, auf einer anderen Ebene, auch für uns möglich ist, die wir uns weder mit Verdi noch mit anderen Großen vergleichen können.

So können wir also diesen Punkt dahin beschließen, daß die Bekämpfung der Verlangsamung durch Training und Aktivität zu einer grundsätzlich neuen Bewältigung der Pensionssituation führen kann und führen soll. Voraussetzung dafür ist allerdings, daß man die Tatsache des Alterns nicht verdrängt, was leider sehr oft geschieht.

ad 3. Verminderte Tendenz, neue libidinöse Beziehungen anzuknüpfen

Gehen wir vom jungen Menschen aus, so sehen

wir, daß er imstande ist, mit sehr vielen Partnern libidinöse Beziehungen einzugehen. Vieles spricht dafür, daß die Quantität der ausgestrahlten Libido bei einem bestimmten Menschen immer die gleiche bleibt. Daraus wird abzuleiten sein, daß, wenn die Liebe auf viele Menschen verteilt erscheint, auf jeden einzelnen nur eine geringere Quote fällt. Sind nur mehr wenige Menschen das Objekt der libidinösen Ausstrahlung, werden diese Beziehungen dementsprechend viel intensiver sein.

Genau dies ist die Situation des alten Menschen. Weil seine Fähigkeit zum Eingehen neuer Beziehungen reduziert ist, fühlt er sich um so mehr zu jenen Menschen hingezogen, mit denen er durch viele zurückliegende Jahre verbunden ist. Der alte Mensch ist in diesem Punkt sehr ähnlich dem introvertierten, der an und für sich auch sehr schwer kontaktfähig ist; wenn er aber einmal diese Schranke überwunden hat, erweist er sich als zu sehr tiefer und inniger Verbundenheit fähig. Man könnte daher vielleicht auch sagen, daß im Alter eine Liebesbeziehung, was ihren inneren Stellenwert betrifft, einen ungeahnten Höhepunkt erreichen kann und auch tatsächlich oft erreicht. Hier gilt nicht mehr das Gesetz der Auswechselbarkeit der Partner wie beim jungen Menschen, wo eben ein Liebesobjekt durch ein anderes leicht ersetzt werden kann. (Deswegen werden jüngere Menschen nach einem Liebesverlust oft mit dem Satz getröstet: Eine andere Mutter hat auch ein schönes Kind – eine Methode, die ich strikt ablehne.)

In diesem Sinne ist es kein Zufall, daß die Beziehung zwischen Philemon und Baucis als eine neue Qualität dauernder Liebe sprichwörtlich geworden ist. Das im hohen Alter stehende Paar bewirtete Gäste in fürstlicher Weise. Die beiden wußten nicht, daß diese Gäste in Wirklichkeit verkleidete Götter waren. Zum Lohn wurde ihnen die Erfüllung eines Wunsches angeboten. Sie überlegten miteinander nur kurz und kamen zum übereinstimmenden Schluß: Sie möchten zusammen im gleichen Augenblick sterben – ein Wunsch, den ihnen die Götter erfüllten.

Eine solche enge Beziehung zwischen zwei Menschen im Alter hat – wenn sie nicht von Göttern heimgesucht werden! – natürlich einen tragischen Aspekt. Sehr oft fühlt sich der eine nach dem Tod des anderen so sehr vereinsamt, daß ihm das Leben unerträglich erscheint. Ganz besonders betrifft dies die Männer, die offenkundlich durch den Tod der Frauen noch mehr getroffen werden, als dies in umgekehrter Situation der Fall zu sein scheint. Eine Patientin schrieb mir einmal nach dem Tod ihres Gatten (beide waren in hohem Alter), es sei eine Erfahrungstatsache, daß man siamesische Zwillinge nicht trennen könnte, daran gingen beide zugrunde. So ähnlich fühle sie sich auch jetzt, und sie hätte keinen innigeren Wunsch, als ihrem Mann bald folgen zu dürfen. Dies kann in tragischen Fällen bis zum Selbstmord führen, es kann aber auch geschehen, daß solche Menschen ihre Widerstandskraft vollkommen aufgeben, so daß sie an innerer Resignation sterben.

Ich möchte, um die Würde dieses Vorganges zu unterstreichen, hier ein Gedicht von Carl Zuckmayer zitieren. (Zuckmayer hat es in der Nacht vom 26. auf den 27. Mai 1966 geschrieben und noch bis 1977 glücklich gelebt.)

Eines Tages bin ich nicht mehr da,
und ich wünsche, du wirst es erleben.
Dann spürst du noch eine Zeitlang ganz nah
mich durch off'ne Türen schweben.

Dann gehe ich noch eine Zeitlang um,
man hört mich reden, lachen –
dann wird die Stimme stumm,
und die Züge verflachen.

Langsam löschen sie aus,
du kannst sie nicht bannen,
leer ist das Haus,
bald gehst auch du von dannen –
zu mir.

Das Gedicht ist gezeichnet: Carl Zuckmayer für Alice Zuckmayer.

Jedenfalls wird niemand bestreiten können, daß vielleicht gerade durch diese verminderte Fähigkeit, neue libidinöse Bindungen anzuknüpfen, Menschen in einer schon bestehenden Beziehung eine bis dahin nie für möglich gehaltene Form der Liebe entwickeln können, welche ich persönlich auch aufgrund meiner eigenen Erfahrung als ausgesprochene Gnade empfinde.

ad 4. Tendenz zur Regression
Sie äußert sich immer in einer Abwendung von der Welt und in einer abnormen Zuwendung zum eigenen Körper, die auf der einen Seite zu einer klassischen hypochondrischen Haltung, das heißt zu einer ängstlichen, übertriebenen Beobachtung der körperlichen Funktionen führen kann, auf der anderen Seite in Extremfällen auch bewirken mag, daß Essen und Stuhlgang eine ähnliche Bedeutung gewinnen, wie sie bei Säuglingen festzustellen ist.

In diesem Zusammenhang hat Erikson vom psychoanalytischen Standpunkt darauf hingewiesen, daß Menschen, die keine Generativität entwickeln, dem Gefühl anheimfallen, sie seien ihr eigenes einziges Kind, und daß sie dementsprechend ins Infantile regredieren. Erikson hat betont, daß es eine der Hauptaufgaben der menschlichen Entwicklung sei, von der Genitalität zur Generativität zu wachsen. Genitalität ist die Fähigkeit, mit einem geliebten Partner des anderen Geschlechts orgastische Potenz zu entwickeln. Generativität ist die Bereitschaft, einen gemeinsamen Sprößling zu zeugen, aufzuziehen und sich im Rahmen dieser Erziehung mit der neuen Generation bis zu einem gewissen Grad zu identifizieren.

Damit ist gezeigt, was getan werden muß, um die Regression zum eigenen Körper zu überwinden, nämlich eine Identifizierung mit den eigenen Kindern, mit der Jugend. Was bedeutet das Kind für seine Eltern? Teilweise versuchen wir im Kind unsere eigene Jugend wiederzuerleben, aber dieser Vorgang verläuft meistens für uns enttäuschend, weil die Jugend ihre Zeit anders gestaltet, als wir es uns vorstellen. Hier ist die Grenze der Identifizierung mit der Jugend deutlich: Man soll die Kinder nicht als einen Teil der eigenen Existenz ansehen, über den man, egozentrisch orientiert, verfügen darf, wie das leider oft auch geschieht, wenn man den Versuch macht, durch die Kinder das zu erreichen, was man selbst nicht erreicht hat.

Aber ein Faktor der Identifikation mit den Kindern ist richtig und wichtig: Sie stellen in gewissem Sinne die Fortsetzung unseres Lebens dar, und schon diese Tatsache gibt uns etwas wie eine Art von Zukunftsbezogenheit. Jahreszahlen, die für den alten Menschen an und für sich scheinbar kaum mehr einen Sinn haben, weil sie viele Jahre voraus liegen, also eine Zeit bedeuten, in der er gar nicht mehr am Leben sein wird, werden nun dennoch wichtig, weil sie der Höhepunkt des Lebens der eigenen Kinder sein werden, sein müssen.

Dann verfolgen wir mit Spannung und Anteilnahme den Aufstieg und Kampf einer kommenden Generation um die Plätze, die wir ihnen geräumt haben. Auf diese Weise wird man zum Bestandteil, ja zum Bindeglied eines kontinuierlich fließenden Ablaufs. Der junge Mensch ist nicht mehr der Eindringling, der die eigene Existenz gefährdet und bedroht, man lebt mit der Zukunft und mit sich selber in Übereinstimmung, neidlos sieht man die Erfolge der Jugend, weil sie auch die eigenen Erfolge sind, und damit wird das Alter spannend, ja sogar aufregend. Nur durch diesen Identifikationsprozeß mit der Jugend wird man die berühmte innere Einsamkeit des alten Menschen, die zugleich identisch ist mit Verbitterung, überwinden können. Alles in allem also auch hier wieder zwei Möglichkeiten: Isolierung auf der einen Seite, Verbundenheit auf der anderen, und damit die Weichenstellung zwischen Glücklichsein und Unglücklichsein im Alter.

Ich darf hier aus der eigenen Erfahrung sagen, wie sehr mir die Beschäftigung mit meinen Kindern und Kindeskindern eine neue Zukunftsbezogenheit vermittelt hat.

Es ist aber nötig, hier noch eine Bemerkung zu machen. Voraussetzung für diese Form der Überwindung der Regression zum eigenen Körper ist zunächst natürlich, daß, hat man eigene Kinder, diese auch von sich aus die Verbindung mit den Eltern erhalten. Das ist leider oft nicht der Fall. Börris von Münchhausen beschreibt diesen Prozeß wie folgt:

Der goldene Ball

Was auch an Liebe mir vom Vater ward,
ich hab's ihm nicht vergolten, denn ich habe
als Kind noch nicht gekannt den Wert der Gabe
und ward als Mann dem Manne gleich und hart.

Nun wächst ein Sohn mir auf, so heiß geliebt
wie keiner, dran ein Vaterherz gehangen,
und ich vergelte, was ich einst empfangen,
an dem, der mir's nicht gab – noch wiedergibt.

Denn wenn er Mann ist und wie Männer denkt,
wird er, wie ich, die eignen Wege gehen,
sehnsüchtig werde ich, doch neidlos sehen,
wenn er, was mir gebührt, dem Enkel schenkt.

Weithin im Saal der Zeiten sieht mein Blick
dem Spiel des Lebens zu, gefaßt und heiter,
den goldnen Ball wirft jeder lächelnd weiter,
– und keiner gab den goldnen Ball zurück!

Meine diesbezügliche Erfahrung ist ein wenig anders. Wenn Kinder von ihren Eltern einen goldenen Ball bekommen haben, so sind sie in der Regel auch bereit, ihn zurückzugeben. Wenn hingegen Kinder schlecht behandelt wurden und in Auflehnung und Ablehnung aus dem Elternhause ausgezogen sind, bemühen sie sich, den Kontakt möglichst auf ein Minimum zu reduzieren, was dann natürlich für die Eltern eine tragische Isolierung bedeutet. Um so wichtiger für beide Teile wäre es, daß man sich immer um die Erhaltung einer guten Gesprächsbasis bemüht. Denn es ist gar kein Zweifel: Wenn ich meine Kinder bejahen kann und mich von ihnen bejaht fühle, so hilft mir das ja auch ganz wesentlich, die Brücke nicht nur zu den eigenen Kindern, sondern zur jüngeren Generation zu bauen. Was aber ist mit jenen, die nicht das Glück haben, Kinder zu haben? Wer hilft ihnen, die Regression zu überwinden?

Nun will ich eine Bitte an die junge Generation richten. Sie soll ja nicht vergessen, daß die alten Menschen, wie schon gesagt, eine Schwierigkeit haben, neue libidinöse Beziehungen anzubahnen. Auf der anderen Seite haben sie aber auch den Wunsch, nicht nur immer wieder mit alten Menschen zusammenzukommen – jemand Gescheiter hat in diesem Zusammenhang gesagt: „Alt bin ich selber" –, sondern neue Anregungen von jüngeren Menschen zu erhalten. Es scheint mir daher eine ganz wesentliche psychohygienische und menschliche Aufgabe zu sein, daß sich junge Menschen immer wieder bemühen, mit alten in Kontakt zu kommen. Das heißt, von sich aus Beziehungen mit ihnen aufzunehmen, wobei zu sagen wäre, daß sie sicherlich auch von solchen Begegnungen vieles profitieren könnten, vielleicht im Sinne der „Weisheit des Alters".

Die jungen Leute müßten dazu viele Vorurteile, die sie gegen alte Leute haben, überwinden. Gewöhnlich werden dabei irgendwelche negative Erfahrungen, die sie mit einem Familienmitglied gemacht haben, zu Unrecht auf *die* Alten übertragen. In Bremen zum Beispiel betreuen junge „Straßenarbeiter" alte Menschen vorbildlich.

Ich möchte in diesem Zusammenhang auch an die Samaritans in England erinnern, die einen für mich sehr köstlichen Begriff geprägt haben, nämlich den des Befriending, der Befreundung. Auf diese Weise werden Netze zwischen Mensch und Mensch, jung und alt, männlich und weiblich, geknüpft, die alle Beteiligten in vielen einsamen und gefährlichen Stunden in bester Weise auffangen können.

ad 5. Abwendung von Gegenwart und Zukunft und Rückwendung des Blickes in die Vergangenheit

Wir haben erwähnt, daß für den alten Menschen Gegenwart und Zukunft Abstieg und Tod bedeuten und daß er sich deswegen der Vergangenheit zuwendet. Hier müssen wir nun die entscheidende Frage stellen: Müssen wirklich seine Gegenwart und seine Zukunft so uninteressant sein? Ist es nicht möglich, auch in dieser Zeit Dinge zu finden und zu kultivieren, die den alten Menschen interessieren?

Wir haben schon auf die Wichtigkeit der Aktivität zur Bewältigung der Pensionsproblematik aufmerksam gemacht. Hier muß aber noch etwas hinzukommen. Aktivität ist eine Form, wir brauchen aber für diese Form auch einen Inhalt. Und dieser Inhalt kann nur darin bestehen, daß wir etwas suchen, daß uns auch diesen Lebensabschnitt als sinnvoll erscheinen läßt. Ich möchte behaupten, zu keinem Zeitpunkt des Lebens ist die Beantwortung der Sinnfrage so wichtig wie gerade im Alter.

Nun muß man sagen, daß jeder die Frage nach dem Sinn seines Lebens nur für sich selber beantworten kann, oder anders ausgedrückt, jeder Mensch muß den Sinn seines Lebens selber finden. Man kann ihm hier vielleicht Vorschläge machen, aber letztlich ist die Entdeckung des Sinns die eigene Aufgabe, die niemand anderer für ihn übernehmen kann.

Nun will ich zwei Gedichte bringen, die beide so einen Lebenssinn offerieren. Zuerst:

Vom künftigen Alter
von Friedrich Rückert

Der Frost hat mir bereifet des Hauses Dach;
doch warm ist mir's geblieben im Wohngemach.
Der Winter hat die Scheitel mir weiß gedeckt;
doch fließt das Blut, das rote, durchs Herzgemach.
Der Jugendflor der Wangen, die Rosen sind
gegangen, all gegangen einander nach.
Wo sind sie hingegangen? Ins Herz hinab:
Da blühn sie nach Verlangen, wie vor so nach.
Sind alle Freudenströme der Welt versiegt?
Noch fließt mir durch den Busen ein stiller Bach.
Sind alle Nachtigallen der Flur verstummt?
Noch ist bei mir im Stillen hier eine wach.
Sie singet: Herr des Hauses! verschleuß dein Tor,

daß nicht die Welt, die kalte, dring ins Gemach.
Schleuß aus den rauhen Odem der Wirklichkeit,
und nur dem Duft der Träume gib Dach und Fach!
Ich habe Wein und Rosen in jedem Lied
und habe solcher Lieder noch tausendfach.
Vom Abend bis zum Morgen und Nächte durch
will ich dir singen Jugend und Liebes-Ach!

Und das zweite Gedicht:

Ja, das möcht' ich noch erleben
von Theodor Fontane

Eigentlich ist mir alles gleich,
der eine wird arm, der andre wird reich,
aber mit Bismarck – was wird das noch geben?
Das mit Bismarck, das möcht' ich noch erleben.

Eigentlich ist alles soso,
heute traurig, morgen froh,
Frühling, Sommer, Herbst und Winter,
ach, es ist nicht viel dahinter,
aber mein Enkel, soviel ist richtig,
wird mit nächstem vorschulpflichtig.
Und in etwa vierzehn Tagen
wird er eine Mappe tragen,
Löschblätter will ich ins Heft ihm kleben –
ja, das möcht' ich noch erleben.

Eigentlich ist alles nichts,
heute hält's, und morgen bricht's,
hin stirbt alles, ganz geringe

wird der Wert der ird'schen Dinge;
doch wie tief herabgestimmt
auch das Wünschen Abschied nimmt,
immer klingt es noch daneben:
Ja, das möcht' ich noch erleben.

Wenn ich die beiden Gedichte vergleiche, so kann ich nicht umhin zu sagen, daß mir das zweite viel besser gefällt als das erste, denn in der Rückertschen Form wird der Rückzug in das Innere des Hauses propagiert, die Welt, die böse, soll draußen bleiben, und dies entspricht einer Schrumpfung des Lebensraumes, die auch zu einer Schrumpfung der Person zu werden droht.

Hingegen zeigt Theodor Fontane das Interesse an der ganzen Welt, und ganz besonders auch an der Politik: Das mit Bismarck möcht' ich noch erleben. In diesem Zusammenhang will ich einen Begriff erwähnen, der gerade jetzt in aller Munde ist, nämlich den der sogenannten Politikverdrossenheit. Verdrossenheit ist immer eine Form der Depression, und ich möchte im Gegenteil an alle alten Menschen die Bitte richten, sich von der Politik nicht zurückzuziehen, sondern an ihr großen Anteil zu nehmen. Die Politik ist ja gerade für die alten Menschen deswegen so wichtig, weil sie besonders interessiert sein müssen, daß die Gesellschaft ihre berechtigten Forderungen erfüllt. Immer wieder muß ja betont werden, daß die älteren Mitbürger weder eine Randerscheinung darstellen, noch daß sie „Schmarotzer" sind. Sie leben in unserer Gesellschaft, leisten ihren Beitrag zu ihr und haben daher auch ein Recht auf eine Politik, die ihre Interessen vertritt und fördert.

Je mehr man also wünscht und mit Recht wünscht, von der Politik nicht übersehen zu werden, desto mehr muß man auch in sich die Verpflichtung fühlen, an der Politik teilzunehmen. Während die Großstadt in der Regel an der Problematik der geistig befähigten alten Menschen halbblind vorbeigeht, weiß die Kleinstadt für solche alten Mitbürger oft einen viel besseren Platz. Das Prinzip der amerikanischen Townhall, die weitgehend bestimmend für das Leben der Mitbürger einer Kleinstadt ist, kann auf diese Weise alte Leute, die überdurchschnittlich befähigt sind, in hohem Maße einsetzen. Sie sind dann nicht nur beschäftigt, sondern entwickeln ein Verpflichtungsgefühl, ihre Fähigkeiten der Gemeinschaft in der Verwaltung weiterhin zur Verfügung zu stellen. Ich halte es für ganz wesentlich, daß auch alte Menschen in der Politik nicht nur eine unterstützende, sondern auch eine aktive Rolle einnehmen können und sollen.

Rudolf Pöder, ehemaliger 1. Präsident des Nationalrates und jetzt Vorsitzender des Pensionistenverbandes der SPÖ, hält zwei Aufgaben für vordringlich: 1. die Mitsprache der Senioren in allen sie betreffenden Fragen. Das reicht vom Parlament über die Selbstverwaltungsorgane der Selbstversicherungen bis in die Gemeindestuben. Und 2. der Öffentlichkeit immer wieder ins Bewußtsein zu rufen, daß unsere alten Mitbürger keine Randgruppe und keine Bittgänger sind. Sie leben inmitten unserer Gesellschaft, was auch einmal die Wirtschaft durch bessere und mehr seniorengerechte Angebote zur Kenntnis nehmen muß. Erfreulicherweise stimmt der Obmann des Seniorenbundes der ÖVP, Stefan Knafl, in den wichtigsten Punkten mit seinem Kollegen Pöder überein.

Schrecklich war es, als vor einiger Zeit ein Gesetz bestand, welches den Pensionisten, wenn sie durch Arbeit im Ruhestand sich einen gewissen Betrag dazuverdienten, eine Reduktion des Pensionsgeldes auferlegte, was bis zu 40 Prozent der Pension ausmachen konnte. Das Gesetz war in der guten Absicht beschlossen worden, zu verhindern, daß Pensionisten den arbeitswilligen Menschen Plätze wegnehmen, es diente also dem Kampf gegen die Arbeitslosigkeit. Jedenfalls verhinderte oder behinderte das Gesetz die so wichtige zusätzliche Aktivität der Senioren, und es ist ein großes Glück, daß es schließlich in aller Stille zu Grabe getragen worden ist.

Ich will dieses Gebiet, diesen Fragenkomplex nicht beenden, ohne zu sagen, daß auch ich gerade durch meine politischen Interessen eine große Zukunftsbezogenheit besitze. In Abwandlung des Ausspruchs „Das mit Bismarck möcht' ich noch erleben" würde ich sagen: „Ich möchte die weitere Entwicklung unseres Bundeskanzlers noch möglichst lange verfolgen können, weil ich mir von ihm sehr viel verspreche. Und ich möchte abwarten, ob es vielleicht doch noch bei Jörg Haider zu einem Quantensprung zum Guten in seiner Persönlichkeitsentwicklung kommt. Sehr wahrscheinlich ist dies ja nicht, aber man sollte die Hoffnung nicht aufgeben, und in diesem Sinne – ja, das möcht' ich noch erleben."

Und ich möchte es nicht nur erleben, sondern auch mitgestalten, so gut es ein einzelner eben kann! Und meinen alten Mitbürgern möchte ich zurufen: Zieht euch nicht in eure vier Wände zurück, laßt euch nicht zum alten Eisen werfen, geht wählen, mischt mit, nehmt euer Schicksal in die eigenen Hände, ihr tut euch damit doppelt Gutes: Erstens erhaltet ihr euch lebendig, und zweitens verbessert ihr euer Los!

Und noch etwas: Zur Sinnfindung und damit zur Zukunftsbezogenheit ist also wiederum ein aktives Prinzip, ein Training unbedingt notwendig. Sosehr ich für Unruhe, Aktivität und Gestaltung sinnhafter Dinge bin, so muß ich aber doch vor einer Übertreibung auf diesem Gebiet warnen. Unser Leben gleicht physiologisch einer Kurve, die von Anfang an zu einem Höhepunkt aufsteigt, bis sie langsam teleologisch dem Ziel sich nähernd abfällt. Physiologischerweise sind daher in diesem Abstieg den eigenen körperlichen Möglichkeiten Grenzen gesetzt, die auch heute noch, in der Zeit des hinausgeschobenen und verlängerten Alters, ihre Gültigkeit haben. Niemand kann ungestraft so tun, als müßte er im Hinblick auf seinen Körper dem Älterwerden nicht Rechnung tragen. Ein großer Internist hat einmal gesagt, daß es lebensrettende Erkrankungen in diesem Zeitabschnitt gibt, Erkrankungen, die uns auf die Krise unseres Lebensstils aufmerksam machen sollen und uns gleichsam zwingen, den Lebensstil dahingehend zu ändern, daß er sich den mehr oder minder reduzierten Möglichkeiten anpaßt. Würden wir fortfahren, in der alten Art und Weise unsere Kräfte zu vergeuden, würden wir uns wahrscheinlich in Lebensgefahr bringen. Mit anderen Worten: Unsere große Aufgabe muß es sein, unsere physiologische Lebenskurve auch psychologisch mitzumachen, also mit dem Strom und nicht gegen den Strom zu schwimmen. Wer jemals versucht hat, einen Fluß aufwärts zu schwimmen, der weiß, wie sehr es die eigenen Kräfte rasch erschöpft. Viele Menschen leben heute gegen ihre physiologische Lebenskurve. Als Junge wollen sie breits die Weisheit der Alten haben, als Alte wollen sie Junge in ihrer Dynamik und ihrer Lebenskraft überbieten.

Ich erinnere mich an eine Novelle von Maupassant, wo ein junger Mann die ganze Nacht hindurch tanzt und am Ende tot zusammenfällt. Als man den Toten betrachtet, entdeckt man, daß er eine Maske trägt und in Wirklichkeit ein alter Mann ist. Er wollte den Jungen spielen und hat dieses Spiel mit dem vorzeitigen Tod bezahlt.

Zusammenfassend kann man also sagen: Das Alter kann viele positive Aspekte bieten, aber sie ergeben sich nicht von selbst, sie müssen erkämpft, manchmal auch erlitten werden. Oder mit anderen Worten: Ob man sie zu entdecken vermag, ist abhängig davon, daß die richtige Altersadaptation gelingt. Jeder Lebensabschnitt muß psychisch bewältigt werden, aber es ist gar kein Zweifel, daß in keiner anderen Periode die Adaptation eine so schwierige Aufgabe ist wie im Alter. Aber, um es mit Feuchtersleben zu sagen: „Wenn es auch schwierig ist, sie zu finden, möglich bleibt es doch jederzeit."

In diesem Zusammenhang erscheint es nun sehr wichtig, an jene Faktoren zu erinnern, von denen das Gelingen der Adaptation abhängig ist. Hier seien folgende Punkte angeführt:

1. Die psychodynamische Vorentwicklung der Persönlichkeit. Selbst noch für die späte Anpassung an das Alter spielt es eine große Rolle, ob der Mensch sich seit früher Kindheit zu psychischer Gesundheit entwickelt hat. Ob er von seinem Lebensanfang an ermutigt und erweitert oder entmutigt und eingeengt worden ist. Die daraus resultierende positive oder negative Lebensgestaltung, Selbstverwirklichung oder Selbstverfehlung, wirkt sich hier entscheidend aus.

2. Die Lebenssituation, in der sich ein Mensch befindet. Es gibt natürlich Lebensumstände (soziale Geborgenheit, körperliches Wohlbefinden, persönliche individuelle Betreuung), die es dem Menschen eher ermöglichen, die positiven

Aspekte des Alters zu entdecken. An diesem Punkt zeichnet sich die große ärztlich-therapeutische Aufgabe ab: Niemand hat so sehr wie der Arzt die Möglichkeit, durch Verbesserung der somatischen wie der psychischen Bedingungen, unter denen der einzelne alte Mensch zu leben hat, einen Beitrag zu leisten, daß er imstande ist, die positiven Werte auch dieses Lebensabschnittes tatsächlich zu entdecken. In weiteren Kapiteln dieses Buches wird auf diese Fragestellung besonders eingegangen werden.

3. Die Weltanschauung. Es wird gerade zu diesem Zeitpunkt von wesentlicher Bedeutung sein, welche innere Einstellung zum Sinn seines Lebens ein Mensch entwickelt hat. Diese Problematik geht selbstverständlich über den medizinischen Bereich hinaus, ist letztlich transzendental, hat aber auch einen medizinisch-psychologischen Aspekt. Denn gewöhnlich ist die weltanschauliche Orientierung auch davon abhängig, ob sich eine Persönlichkeit in zwischenmenschlicher Verbundenheit oder in innerer Isolierung befindet, ob er eine frohe oder eine verbitterte Gefühlswelt entwickelt.

4. Rechtzeitiges Training der Adaptation. Es muß immer wieder darauf hingewiesen werden, daß die Adaptation sich nicht als selbstverständliche Frucht einstellt, sondern daß um sie gerungen werden muß. Daher kann man nicht früh genug mit dem diesbezüglichen Training und der rechtzeitigen Vorbereitung auf die Erarbeitung der

Umstellung beginnen. Dies gilt nach dem Frühergesagten ganz besonders für den Intellektuellen, hat aber für jeden altwerdenden Menschen Bedeutung.

Wenn man diese vier Punkte summiert, könnte man mit van Swieten sinngemäß sagen: „Es ist unser Fehler und nicht der des Alters, wenn uns das Greisenalter mißfällt." Und doch ist dieser Satz insofern falsch, als man für die Bewältigung des Alters nicht nur den einzelnen Betroffenen verantwortlich machen kann, sondern daß hier auch der Gesellschaft eine entscheidende Bedeutung zukommt.

Und darum wird

5. das Gelingen oder Mißlingen der Adaptation immer auch von der Einstellung der Umwelt zum alten Menschen abhängig sein. Nur wenn die Gemeinschaft bereit ist, den alten Menschen zu bejahen und ihn anzuerkennen, ihm ein lebenswertes Leben zu ermöglichen, wird die Voraussetzung dafür gegeben sein, daß dieser imstande ist, die Freuden des Alters zu entdecken und zu genießen. Die Tendenz zur „Vergottung der Jugend", die man heute gelegentlich findet, ist gefährlich und sollte baldigst aufgegeben werden. Sätze wie „Trau keinem über dreißig" sind gesellschaftspolitisch lebensgefährlich. Niemandem wird es einfallen, eine Vergottung des Alters zu propagieren. Wir stellen eine Gemeinschaft dar, in der jeder seinen Platz haben soll, einen Platz, den er, wie wir gezeigt haben, auch sinnvoll ausfüllen kann.

Wenn wir jede Einseitigkeit überwinden, wird aus einem Gegeneinander ein Miteinander werden.

Ich möchte in diesem Zusammenhang auf das tragische japanische Beispiel verweisen. Dort existierte bis zum Jahre 1945 eine Gerontokratie, das heißt, der älteste Mann war in der Familie auch der mächtigste. Von ihm hing jede Entscheidung ab. Zu dieser Zeit war ein Selbstmord von alten Menschen in Japan unbekannt. 1945 wurde die Gesellschaftsstruktur grundlegend geändert, die alten Männer entmachtet. Seither ist bis zum heutigen Tage die Verhinderung des Altersselbstmordes in Japan ein ungelöstes Problem. Man sieht daraus, wie gefährlich alle Extreme, sei es in Vergottung, sei es in Degradierung bestehend, sich auswirken können.

Daher will ich schon an dieser Stelle zum Ausdruck bringen, daß dies nicht nur ein Buch für alte Menschen ist, sondern daß sich auch junge mit diesem Thema beschäftigen sollten, damit ihnen ihre diesbezügliche Verantwortung bewußt wird. Gerade die richtige Haltung der jungen Generation stellt eine wesentliche Voraussetzung für die Garantie günstiger psychohygienischer Verhältnisse der Alten dar. Man darf von den Jungen Einsicht und Ehrfurcht gegenüber den Alten verlangen. Gewiß, es kann nicht sein, wie es in einer früheren Zeit war, daß nur die sogenannten „weißen Bärte“ zu sprechen haben und Jugend so sehr mit Unvernunft gleichgesetzt wurde, daß Jugend fast eine Schande bedeutete. Es darf aber andererseits auch nicht so sein, daß sich der alternde Mensch an die Wand gedrückt fühlt und er das Altern als einen Zustand des mit „seiner eigenen Leiche gehen" erlebt, wie es unser Dichter Grillparzer so unvergleichlich ausgedrückt hat.

Ich möchte schließen mit dem berühmten Satz von Theodor Fontane

> Es wagt's der alte Apfelbaum,
> Herz, wag's auch du.

und ich bekenne, daß ich mich nicht nur als selbst alter Mensch, sondern auch als Individualpsychologe diesem Thema besonders verbunden fühle, denn es war immer das Bestreben Alfred Adlers, nicht nur Optimist zu sein, sondern Ermutigung und Hoffnung zu fördern.

III.

Die Gefahren des Alters und ihre Bewältigung

A. Die Gefahr des geistigen Abbaus (Demenz)

Vor nichts haben die alten Menschen eine so große Angst wie vor dem geistigen Abbau oder, um es volkstümlich auszudrücken, davor, „den Verstand zu verlieren". Es handelt sich dabei um ein existentielles Problem, es kann daher nicht ernst genug genommen werden. Die Demenz ist durch folgende Symptome gekennzeichnet:

1. Vergröberung der Persönlichkeitsstruktur, besonders die feineren Nuancen gehen verloren, was zu einer Reduktion des Taktgefühls führen kann.
2. Herabsetzung der intellektuellen Leistung.
3. Störung der Merkfähigkeit.
4. Störung des Gedächtnisses.

Dabei muß man zwischen Frischgedächtnis, also für kurz zurückliegende Ereignisse, und Altgedächtnis (für weit Zurückliegendes) unterscheiden. Zuerst ist von dieser Störung immer das Frischgedächtnis getroffen.

5. Abnahme der höheren abstrahierenden Denkleistungen, vor allem des logischen Denkens, damit auch des Urteilsdenkens und der Kritikfähigkeit – schließlich zunehmende Kritiklosigkeit.

6. Mangelnde Krankheitseinsicht.

7. Unfähigkeit, die Aufmerksamkeit den Erfordernissen der Lebenssituation anzupassen, daraus resultierend eine immer geringere Fähigkeit, sich der Realität gewachsen zu erweisen.

Man vergleiche diese sieben Punkte mit jenen Veränderungen, die für den alten Menschen, der keine Demenz aufweist, charakteristisch sind (siehe II. Kapitel), und man wird schon auf den ersten Blick erkennen, daß hier ein großer Unterschied gegeben ist.

Wir unterscheiden zwei Hauptformen der Demenz: die senile Demenz, jetzt als Alzheimersche Erkrankung bezeichnet (früher war dieser Name für Fälle eines frühzeitigen, also präsenilen geistigen Abbaus reserviert), und die arteriosklerotische Demenz. Die Verursachung ist natürlich grundlegend andersartig: Bei seniler Demenz handelt es sich darum, daß im gesamten Gehirn überdurchschnittlich viele Ganglienzellen zugrunde gehen. Bei der arteriosklerotischen Demenz hingegen sind einzelne Gehirngefäße durch die Verkalkung so eingeengt, daß die Ganglienzellen für ihr gutes Funktionieren nicht genügend Blut erhalten.

Überall dort, wo diese Behinderung gegeben ist, wird daher ein Leistungsabfall entstehen, während andere, noch gut durchblutete Gehirnpartien weiterhin tadellos funktionieren können. Aus dem Gesagten ergibt sich folgende Übersicht:

Senile Demenz	**Arteriosklerotische Demenz**
Totaler Abbau, weil diffuse Störung	Partieller (lacunärer) Abbau je nach der Lokalisation der Durchblutungsstörung
folglich	
keine Krankheitseinsicht, der senil Demente wird daher auf die Frage, ob er sich geistig abgebaut fühle, mit Nein antworten.	erhaltene Krankheitseinsicht, der arteriosklerotisch Demente wird daher mit bewegten und bewegenden Worten über seine geistige Rückentwicklung klagen. Es tritt somit das Paradoxon ein, daß die arteriosklerotische Demenz, obwohl sie die viel leichtere Demenzform ist, vom Patienten viel tragischer und verzweifelter erlebt wird.
keine Affektstörung, insbesondere keine Affektinkontinenz	ausgesprochene Affektstörungen, Reizbarkeit, Affektinkontinenz, d. h., Lachen und Weinen können nicht zurückgehalten werden, sondern treten zwanghaft und nicht zur Situation passend auf: Zwangsweinen, Zwangslachen.

Wichtig ist folgende Feststellung:

Es sind die bei Demenzen anzutreffenden pathologischen Gehirnveränderungen nicht qualitativ, sondern nur quantitativ von denen verschieden, die in den Gehirnen psychisch gesunder alter Menschen gefunden werden.

Oft ist auch aus dem anatomischen Substrat allein überhaupt kein Rückschluß darauf möglich, ob dessen Träger psychisch gesund oder bereits schwer abgebaut war. Es gibt Fälle, bei denen geistig gesunde Alte schwere Altersveränderungen des Gehirns zeigten, und andererseits wieder senil Demente, bei denen der pathologische Befund seltsamerweise keine auffälligen Besonderheiten ergab. Dies gibt uns Gelegenheit zu einer prinzipiellen Feststellung: Es ist nicht möglich, irgendein psychiatrisches Symptom als einzig und allein durch eine zerebrale Veränderung determiniert anzusehen.

Der Satz der deutschen Psychiatrie, geprägt am Anfang unseres Jahrhunderts, „Geisteskrankheiten sind Gehirnkrankheiten“ stimmt, zumindest in dieser Formulierung, nicht. Zwischen der organischen Veränderung und der aus ihr resultierenden psychischen Symptomatik steht immer noch die menschliche Persönlichkeit, und es ist unmöglich, sie außer acht zu lassen. Dies gilt zweifelsohne auch für die organische Demenz. Selbst die schwersten zerebralen Schädigungen können die Persönlichkeit nicht völlig ausschalten. Auch hier noch bleiben gewisse, oft freilich sehr eingeengte Reaktionsmöglichkeiten der Persönlichkeit bestehen, wodurch eine, wenn auch geringe, aber doch vorhandenen Spielbreite des betroffenen Menschen gewährleistet erscheint. Es ist somit die Persönlichkeit, die sich mit den pathologischen Veränderungen auseinanderzusetzen hat, auf diese reagiert und solcherart mit die spezifische Symptomatik schafft. Aus diesen Erfahrungen geht auch hervor, daß man in der Psychiatrie der Alterserkrankungen ebenso wie in den übrigen psychiatrischen Bereichen diese Gesamtpersönlichkeit erfassen und berücksichtigen muß, will man zum Verständnis der Symptomatik gelangen. Auf eben diese Symptome, durch die sich die beiden organischen Demenzen äußern, möchte ich nunmehr eingehen.

Wir unterscheiden folgende Erscheinungsbilder:

1. Eine depressiv-hypochondrische Form

Diesbezüglich kann ich auf den Abschnitt E dieses Kapitels, die Altersdepression, verweisen. Schon jetzt aber muß daran erinnert werden, daß zu unterscheiden ist zwischen Altersdepression und der depressiven Form einer senilen oder einer arteriosklerotischen Demenz (man findet diese depressive Form häufiger bei der arteriosklerotischen Demenz, weil ja die erhaltene Krankheitseinsicht geradezu zu einer depressiven Verarbeitung hinleitet).

2. Die manische Form

Bei ihr kommt es zu einer Hyperaktivität und zu einer erregten, aber letztlich sinnlosen Pseudogeschäftigkeit.

3. Die paranoide Form

stellt in vielen Zügen nur eine besondere Verstärkung der ohnehin beim alten Menschen häufig auftretenden ängstlich-mißtrauischen Haltung gegenüber der Umwelt dar. Infolge der schon stark fortgeschrittenen Vergeßlichkeit werden Gebrauchsgegenstände (und auch Geld) verlegt, unter Umständen sogar versteckt und nicht mehr gefunden. Der Kranke nimmt nun an, sie seien gestohlen, es gäbe also in seiner Umgebung Diebe und Betrüger, die nur darauf warten, sich seiner Habe zu bemächtigen. In Zeiten der Wohnungsnot wird diese Sorge vor allem auf die eigene Wohnung ausgedehnt und dann gegenüber Mitbewohnern (oft sogar den eigenen Kindern) oder Untermietern eine paranoide Einstellung entwikkelt. (Daß es in Wirklichkeit tatsächlich Menschen gibt, ob Hausbesitzer, ob Wohnungssuchende, die schon auf den Tod bestimmter alter Menschen lauern und ihn kaum erwarten können, steht auf einem anderen Blatt.) Manchmal gehen die paranoiden Ideen soweit, daß den vermeintlichen Verfolgern Mordpläne zugeschoben werden, z. B. man leite Gas und dergleichen in die Wohnung.

4. Die Korsakowsche Form

(das Korsakow-Syndrom)

Benannt nach dem russischen Psychiater S. Korsakow. Die nähere Schilderung dieser Form erscheint schon deswegen sinnvoll, weil daraus zu erkennen ist, daß es der Mensch ist, der sich bemüht, in Auseinandersetzung mit seiner Störung ein Symptom zu entwickeln, welches ihm hilft. Es handelt sich hier nämlich um Menschen, deren Frischgedächtnis völlig vernichtet, deren Altgedächtnis aber erhalten ist. Dementsprechend vollzieht der Patient eine Orientierungsverschiebung, indem er sich, aber auch seine ganze Umgebung, in die Vergangenheit versetzt, gewöhnlich in eine Zeit, in der er sich besonders wohl gefühlt hat. Ich habe einmal einen 75jährigen Mann gesehen, der im Krieg Zahlmeister gewesen war und der nun wieder glaubte, noch im Krieg zu leben und Zahlmeister zu sein. Dementsprechend hat er auch alle Ärzte im Spital als Militärärzte angesehen und in der entsprechenden Form angeredet. Man erkennt aus dieser Symptomatik deutlich den Versuch des Kranken, aus der Situation noch das Beste zu machen. Leider war das Symptom aber auch der Beweis dafür, daß er sich im Krieg wohl gefühlt hat, was mich natürlich sehr traurig stimmte. Ein Satz aber kann jedenfalls für jede Korsakowsche Form gelten: „Ist dies schon Tollheit, hat es doch Methode."

5. Die delirante Form

Hier verliert der Mensch seine zeitliche, örtliche, oft auch persönliche Orientierung und gerät in eine weitgehende Verwirrung, die besonders am Abend oder in der Nacht auftritt. Diese delirante Form gibt mir nun Gelegenheit, auf einen Punkt hinzuweisen, der für die Praxis von entscheidender Bedeutung ist, nämlich, daß man bei jedem geistigen Abbau zwischen dem Zustand der Kompensation und der Dekompensation unterscheiden muß.

Es gibt sehr viele Menschen, bei denen rein pathologisch-anatomisch der Tatbestand der senilen Demenz gegeben ist, somit bereits zahlreiche Ganglienzellen degeneriert sind, die aber trotzdem nach außen hin noch sehr wohl imstande erscheinen, die Anpassung an die Realität des täglichen Lebens zu wahren. (Weil die übriggebliebenen intakten Ganglienzellen noch fähig sind, die Funktion der ausgefallenen zu übernehmen.) Dies ist der Zustand der Kompensation. Erst wenn ein psychisches Trauma im Sinne eines Schicksalsschlages über sie hereinbricht, erfolgt der Zusammenbruch, der den Zustand der Kompensation in den der Dekompensation verwandelt.

Als solche Schicksalsschläge kommen in Frage: Verlust der nächsten Angehörigen (seine besondere Bedeutung im Alter wurde bereits erörtert), Wohnungsverlust und akute Erkrankung bzw. Verschlechterung eines chronischen Leidens. Nehmen wir zum Beispiel an, daß ein Mensch mit einer senilen Demenz, die sich noch im Stadium der Kompensation befindet, auf der Straße stürzt und sich die typische Schenkelhalsfraktur zuzieht; dieses Geschehen beinhaltet eine Reihe von Traumen, die sich natürlich in ihrer Wirkung summieren. Hier ist anzuführen: der Schock der Verletzung, der Einbruch der Unsicherheit in die bisherige Geborgenheit, die Ungewißheit des weiteren Verlaufs der Erkrankung, nicht zuletzt aber auch die Einweisung ins Spital, also in eine unbekannte Umgebung. Wen wollte es wundern, daß der solcherart körperlich und psychisch gleichzeitig geschockte Mensch, bei dem außerdem noch der Tatbestand der senilen Demenz vorliegt, in dieser Situation nicht mehr imstande ist, den Zustand der Kompensation aufrechtzuerhalten?

Das Gehirn wird der Fülle neuer und ungewohnter Eindrücke nicht gewachsen sein, es wird als Folge davon – besonders am Beginn der Nacht – zum Auftreten von Verwirrtheitszuständen kommen, in denen der Patient die Orientierung verliert, sich nicht mehr zurechtfindet, das Spital als seine eigene Wohnung verkennt, das Pflegepersonal mit seinen nächsten Angehörigen verwechselt und als Folge davon auch laut und unruhig zu werden beginnt. Damit haben wir das klassische Bild einer deliranten Verwirrtheit im Rahmen einer senilen Demenz, wie es typischerweise als Zeichen der Dekompensation auftritt. Man kennt aus zahlreichen Erfahrungen aber auch das weitere Schicksal solcher Patienten: Nur allzu häufig werden sie, weil sich ihr Verhalten störend auswirkt, in eine psychiatrische Abteilung abgeschoben. Es muß aber jedem klar sein, daß sich die Intensität der Dekompensation dadurch erhöhen wird, weil ja das Gehirn durch zusätzliche provozierte unbekannte Eindrücke noch mehr überfordert erscheint. Einmal sagte eine solche Patientin: „Ich würde mich schon auskennen, wenn nicht so viele Leute hier wären."

Tritt eine solche Dekompensation im Rahmen einer senilen Demenz auf, so bezeichnen wir sie als zerebrale Dekompensation. An dieser Stelle ist der Moment gekommen, wo ich zum erstenmal aus dem Buch von Felix Mitterer, „Sibirien", zitieren möchte. Dort sagt der alte Mann, der ins Pflegeheim abgeschoben worden ist, folgendes:

Leider verirre ich mich manchmal.
Ich finde die Klotür nicht,
und zurück find ich auch nicht mehr,
weil alles gleich ausschaut.
Die Zimmer, die Türen, die Gänge,
alles schaut gleich aus!
Wie soll man sich da zurechtfinden,
frag ich dich?
Daheim, da hab ich mich zurechtgefunden.
Da schon.

Es ist unglaublich und wunderbar zugleich zu erleben, daß sich ein Dichter so sehr in die tragische Wirklichkeit ungezählter, im Stiche gelassener alter Menschen einfühlen kann. (Über „Sibirien“ siehe besonders den Abschnitt D.)

Neben der beschriebenen zerebralen Dekompensation gibt es noch die sogenannte vaskulare (gefäßmäßige) Dekompensation, die, wie schon im Namen zum Ausdruck kommt, mit den Blutgefäßen zusammenhängt und daher natürlich der arteriosklerotischen Demenz zugeordnet ist. Hier werden die bereits gestörten Durchblutungsverhältnisse durch arteriosklerotische Verschlüsse, häufiger aber durch Gefäßkontraktionen oder durch ein leichtes Herzversagen plötzlich weiter verschlechtert. Überflüssig zu betonen, daß auch bei dieser Dekompensation psychische Faktoren eine wesentliche auslösende Rolle spielen können und daß hier auch wiederum psychiatrische Folgeerscheinungen im Sinne einer Verwirrtheit daraus resultieren werden, oft allerdings zusätzlich verbunden mit entsprechenden neurologischen Herderscheinungen. Auch für die vaskulare Dekompensation gilt, so wie für die zerebrale, der Grundsatz, daß sie prinzipiell reversibel ist. Hier muß aber besonders rasch, vor allem durch durchblutungsfördernde Maßnahmen oder durch Stärkung der Herztätigkeit, eingegriffen werden, weil eine längere Unterbindung der Sauerstoffzufuhr über das Blut natürlich zum Absterben der entsprechenden Ganglienzellen, damit zu einem irreversiblen Geschehen führen kann. Besonders warnen möchte ich in diesem Zusammenhang vor der Injektion bestimmter beruhigender Medikamente.

Wie schon betont, wird der Delirante unruhig, und daher ist die Vorstellung verständlich, ihn durch entsprechende Medikationen beruhigen zu wollen. Man vergißt dabei aber allzu leicht, daß diese entsprechenden Mittel oft auch eine blutdrucksenkende Wirkung haben, somit also die schon schlechte Durchblutung des Gehirns noch weiter reduzieren werden, wodurch die delirante Unruhe verständlicherweise zunimmt.

Was den Verlauf der Demenzen betrifft, so gibt es natürlich die verschiedensten Möglichkeiten zwischen besonders schlechten Formen, die ein galoppierendes Fortschreiten des Abbaus zeigen und rasch zur totalen Verblödung führen, und wieder andern, die sich nur langsam verschlechtern.

Was kann man therapeutisch tun, um den Verlauf so günstig als möglich zu gestalten? Wir haben gerade in der letzten Zeit Grund für eine gewisse Hoffnung. Nootropika sind Substanzen, die direkt und selektiv höhere integrative Gehirnfunktionen beeinflussen können. Als wichtigstes Nootropikum kann bei uns das unter dem Namen Nootropil im Handel befindliche Piracetam bezeichnet werden. Ein Nootropikum gilt als wirkungsvoll, wenn es zu einer Besserung der Demenz mit positiven Wirkungen auf kognitive Leistung, Motivation und Antrieb führt sowie eine Reduktion der Alltagsbeeinträchtigungen und eine Verhinderung der Progression der Demenz über einen Zeitraum von sechs bis zwölf Monaten bewirkt. Die Forscher empfehlen eine Regeldosis von 2,4 bis 4,8 Gramm Piracetam täglich zum Einnehmen oder initial 8 bis 12 Gramm intravenös über 24 Stunden. Die Behandlungsdauer beträgt derzeit drei bis sechs Monate, ungünstige Nebenwirkungen wurden nicht beobachtet. Horst Herrschaft aus Lüneburg berichtet von positiven Wirkungen, die vor allem in die Richtung einer gewissen Wiedererlangung verlorengegangener Selbständigkeit des Patienten gehen. Auch in anderen Ländern und so auch in Österreich sind ähnliche Bemühungen im Laufen, die uns jedenfalls berechtigen zu hoffen, in der Zukunft medikamentös den Demenzen nicht mehr wehrlos gegenüberzustehen.

Auf einen entscheidenden Punkt möchte ich noch besonders hinweisen: Es sollte nämlich vor allem darum gehen, die Demenz, wenn sie nun schon einmal besteht, wenigstens im Zustand der Kompensation zu bewahren. Dafür ist vor allem der rechtzeitige Aufbau eines stabilen psychohygienisch günstigen Milieus und die Möglichkeit der langen Belassung des Patienten in seiner ihm vertrauten und gewohnten Umgebung wichtig. Nur wenn bei einem alten Menschen eindeutig der Tatbestand der Selbst- und Gemeingefährlichkeit gegeben ist, der eine weitere Belassung im eigenen Heim nicht mehr verantwortbar erscheinen läßt, oder wenn eine Erkrankung vorliegt, die unbedingt im Spital behandelt werden muß, sollte man von diesem Grundsatz abgehen. Ist jedoch eine zerebrale Dekompensation bereits eingetreten, so sollte man diese, worauf ich schon hingewiesen habe, nicht prinzipiell für irreversibel halten. Sie kann bei halbwegs guten Umständen wieder in den Zustand der Kompensation zurückgeführt werden, vor allem dadurch, daß man das ständige Wechseln von Ort zu Ort radikal unterbricht und erneut ein entsprechend günstiges permanentes Milieu aufzubauen bemüht ist.

Das allerwichtigste therapeutische Prinzip aber bleibt die Vorbeugung, das Bemühen, die Entstehung der Demenz rechtzeitig zu verhindern. Dafür gibt es in der Tat ein entscheidendes „Wundermittel": das ständige Trainieren des Gehirns.

So wie ein Arm verkümmert, der nicht bewegt wird, und eine sogenannte Inaktivitätsatrophie entwickelt, so verfällt das Gehirn, das nicht benützt wird. Daher brauchen wir Aufgaben, die uns ständig beschäftigen. Die Leere, das „Vorsichhindösen", die Verödung gehen Schritt für Schritt in die Verblödung über, und diese drei Dinge müssen daher bekämpft werden. Einkaufen gehen, rechnen, mit Menschen sinnvolle Gespräche führen, sich um die Natur, um Tiere und Pflanzen kümmern, das alles ist essentiell notwendig. Das Gedächtnis schulen – ich z. B. kann mir jetzt Telefonnummern noch besser merken als früher, und immer wieder erneuere ich meinen Zitatenschatz, den ich seit der Jugend besitze, um ein neues Gedicht, das ich auswendig lerne, und es geht relativ leicht vonstatten. Jeder muß hier das

„Futter" finden, das für sein Gehirn das beste ist. Die Lektüre ist wichtig, weil sie Nahrung für Geist und Gemüt bietet.

Und besonders bitte ich: täglich die Zeitung lesen, damit man auf der Höhe der Zeit bleibt. Es gibt solche, die uns vorpräparierte Meinungen aufzudrängen versuchen, und solche, die uns dazu anregen, selbst nachzudenken und unsere eigenen Auffassungen zu bilden. Ich würde mit aller Entschiedenheit die letzteren bevorzugen, weil sie das Gehirntraining anregen und unsere Selbständigkeit nicht antasten. Und diese beiden Dinge scheinen mir nicht nur die beste Prophylaxe der Demenz zu sein, sondern auch Voraussetzung für ein sinnvoll gestaltetes Leben, ganz besonders im Alter.

B. Alterssexualität

Zwei Lebensperioden sind es, deren Zugehörige von der Umwelt besonders kraß benachteiligt werden: die Kindheit und das Alter – „Randgebiete" eben. Viele Eltern halten Kinder für ihren persönlichen Besitz und unterdrücken sie „nach Belieben"; alte Menschen werden oft zuerst entmachtet, dann verachtet, „ausgegrenzt" und ihrem Schicksal überlassen. Beiden Gruppen wird – eine weitere interessante Parallele – Sexualität nicht zugestanden. Wie wir den Erkenntnissen Freuds verdanken, erlebt das Kind von Anfang der Saugtätigkeit an eine lustvolle Stimulierung der Mundschleimhaut, später, beim Übergang von der oralen zur analen Phase, wird von ihm der Bereich des Afters als neue erogene Zone entdeckt, und schließlich gilt in der dritten, der genitalen Phase die Zuwendung des Kindes der Sexualregion, und ihre Berührung erzeugt Lust. Es gibt einen eindrucksvollen, nicht zuwiderlegenden Beweis für die Richtigkeit dieser psychoanalytischen Erkenntnis bezüglich der kindlichen Sexualität: Beim normalen Erwachsenen spielen alle diese kindlichen erogenen Zonen eine wichtige Rolle als Vorbereitung oder Begleitung des Geschlechtsverkehrs, unter krankhaften Bedingungen (Regression in die Kindheit) treten sie als Perversion an die Stelle des normalen Koitus.

Was die Alterssexualität betrifft, sieht die Situation so aus: Längst steht es fest, daß auch der alte Mensch noch sexuelle Wünsche hat oder haben kann, dennoch wird ihm dieser Genuß vielfach gleichsam nicht mehr gegönnt, er gilt als unschicklich, ja mehr noch als verpönt.

Als der „Kurier“ in einer Serie über Probleme alter Menschen vor zwei Jahrzehnten völlig zu Recht auch das Sexuelle behandelte, kam eine Flut empörter Zuschriften.

Darunter etwa solche:

„Was machen Sie mit den Alten? Sie sind sicherlich am Gewinn von Sexshops beteiligt! Stellen Sie Ihre Gemeinheiten ein!“

„Sie schreiben unverschämterweise über Sex im

Alter, ja, sagen Sie, machen Sie nicht einmal vor diesem Thema halt? Wenn solche Sachen schon vorkommen, geht man darüber hinweg."

„Jeder normale alte Mensch ist über Sex im Alter erhaben, das ist doch eigentlich achtenswert am älteren oder alten Menschen. Abnorme Alte, die noch mit 80 oder 90 Jahren geschlechtlichen Verkehr begehen (!), sollte man einschläfern (!!). Ich bin 59 Jahre, habe zwei Kinder, ein Enkelkind und bin empört, daß Sie darüber schreiben."

„Als Pfarrer muß ich mein Befremden darüber ausdrücken, daß Sie ausgerechnet am Allerseelentag, der jeden irgendwie tiefer empfindenden Menschen auf das eigentliche Ziel des menschlichen Lebens hin besinnlich werden läßt, keine größeren Sorgen haben, als daß auch im Alter Sex betrieben werden soll!"

Ich fürchte, daß sich bis heute diese Tendenz der Verachtung der Alterssexualität nicht nennenswert geändert hat. Aus dem Buch „Verschwiegene Lust" von Renate Daimler, auf das ich noch zurückkommen werde, gebe ich folgende Szene wieder:

„Eine fröhliche Runde in der Kantine der Fernsehanstalt, der Streß wird mit einem Glas Wein hinuntergespült. Es ist die Stunde der Witze und der oberflächlichen Gespräche. Heute müssen die beiden Alten herhalten. Man hat sie in der Telefonzelle vor dem Pflegeheim erwischt. Sie haben sich geliebt. In der Winterkälte und im Stehen. Daß die noch vögeln ... es ist nicht zu glauben, sagt einer und erntet Zustimmung und dann, in einer Telefonzelle ... Keiner spricht über den Skandal, daß alte Menschen im Heim, bis auf ein Taschengeld gepfändet, sich kein Hotel für ein paar Stunden leisten können. Keiner spricht über den Skandal, daß Sex im Altersheim verpönt ist, daß es verboten ist, am Abend Hausfremde mit aufs Zimmer zu nehmen. Keiner spricht über den Skandal, daß sich keiner Gedanken macht."

An dieser Stelle möchte ich klarstellen, was ich unter menschlicher Sexualität verstehe. Sie ist jener gewaltige Naturtrieb, der auf die körperliche Vereinigung zweier Menschen drängt. Er sollte stets unter Kontrolle der Kultur, d. h. der persönlichen Verantwortung, stehen: Nicht nur zu nehmen, sondern auch zu geben und dem Partner nicht zu schaden. Denn Natur ohne Kultur entartet zu Brutalität und Barbarei.

In meiner Jugendzeit, in den dreißiger Jahren, sangen die Leute ein Lied aus einer Operette von Edmund Eysler:

Fein, fein schmeckt uns der Wein,
wenn man zwanzig ist, und auch die Liebe.
Fein, fein schmeckt uns der Wein,
wenn man dreißig ist, und auch die Liebe.
Wenn man 40 ist, man noch gerne küßt,
besonders wenn man früher sparsam gewesen ist,
wenn man älter wird, ein wenig kälter wird,
bleibt allein nur der Wein.

Und die Wiener änderten die letzte Strophe oft und sangen: ... bleibt allein Badgastein, wobei sie den Kurort offenbar sich als Jungbrunnen erhofften.

Würde man heute noch genauso singen? Ich glaube kaum. Daß der Mann im Alter noch „will", ist ja annähernd bekannt und im wesentlichen auch geduldet. Schließlich leben wir ja noch immer im Ausklingen des Patriarchats und räumen daher dem männlichen Geschlecht illegale Vorrechte ein. Freilich stimmt der Satz nicht ausnahmslos. Es gibt Männer, die mit dem Nachlassen der Produktion ihrer Sexualhormone jedes Interesse an der Sexualität, jede diesbezügliche Sehnsucht verlieren. Für sie scheint es dann kein Problem zu geben, wenngleich auch hier der Verlust der „Männlichkeit" mit einer Reduktion der Aktivität auf anderen Gebieten verbunden sein kann, andererseits aber dort auch kompensiert wird.

Was aber geschieht, wenn er noch will, aber das Können in Frage gestellt ist? Die Potenz scheint ein wesentlicher Baustein des männlichen Selbstwertgefühls zu sein, darum beziehen sich viele Angstträume von Männern (z. B. Zahnverlust!) in Wirklichkeit auf ihre Erektion. Unsere Zeit, die vielfach aus der Sexualität einen „Sport" und einen reine Frage der „Technik" gemacht hat, mithin paradoxerweise eine Leistung bzw. Prüfung und keinen Genuß, fördert natürlich solche Ängste noch zusätzlich. Die abenteuerlichsten Versuche werden unternommen, Potenz zu erhalten, immer neue Medikamente gibt es, und es besteht jetzt sogar die Möglichkeit, sich selber Papaverin in die Corpora cavernosa des Penis zu spritzen, um eine gute und länger dauernde Erektion zu erreichen. Es ist dabei aber ein entscheidendes Problem zu berücksichtigen: Je schwerer die Erektion herstellbar wird, einen desto stärkeren Anreiz braucht man. Sehr oft entsteht dann das Gefühl, die eigene Ehefrau bringe diese Stimulation nach der langen Aneinandergewöhnung und auch infolge ihres körperlichen Älterwerdens nicht mehr zustande. Mitunter wird dieses Erlebnis in die Vorstellung projiziert, die Partnerin sei jetzt nicht mehr so „lieb" wie früher und somit an der Misere schuld. Das vermag eine Beziehung genauso zu vergiften wie der aus dieser Problematik resultierende Wunsch, es mit anderen Frauen zu versuchen.

Natürlich steht damit das Problem einer neuen und jüngeren Partnerin zur Debatte. Ein Satz ist dafür charakteristisch: Je knapper die Munition wird, desto größer das Jagdrevier. Viele lassen sich dann deswegen scheiden, andere wieder nehmen sich eine Geliebte und geraten dadurch mitunter in heftige und quälende Gewissensbisse. Unsere Gesellschaft beurteilt solche junge Freundinnen äußerst negativ, sie seien nur an der Position, der Macht oder dem Geld ihres „alten Herrn" interessiert. Wohl trifft dies zu wiederholten Malen zu, aber so einfach, daß eine Schwarzweißmalerei möglich wäre, ist das Problem auch wieder nicht.

Ich kenne eine Reihe junger Frauen (gewöhnlich mit einer unglücklichen Vaterbeziehung), die in einem um vieles älteren Mann ihre restlose Erfüllung gefunden haben. Ich weiß von einer damals 35jährigen Dame, die ihren 70jährigen Partner so geliebt hat, daß sie jederzeit bereit gewesen wäre, das eigene Leben hinzugeben, um das ihres Freundes erhalten zu können. Es ist gewöhnlich das verächtliche Reden der Männer über „solche" Frauen, welche sie in Mißkredit bringt.

Ich habe z. B. einen Fall erlebt, der erklärte, daß er und seine jeweilige Freundin zusammen immer etwa die Zahl 90 nicht überschreiten dürften. So „nahm" er sich tatsächlich mit 60 eine 30jährige und wechselte mit 70 zu einer 20jährigen über. Fragte er sich nicht, wie dies weitergehen solle? Schließlich starb er völlig vereinsamt durch einen Schlaganfall. Andere Männer sprechen von solchen Frauen wie von einer Ware, die man kaufen könne, und prahlen mit diesbezüglichen „Erfolgen" nach Art des Jägerlateins. Darüber gibt es einen bösen, aber treffenden Witz: Zwei gealterte Männer gehen in ein Casino und wollen spielen. Wie viele Frauen hast du in dieser Woche gehabt? (Ein in solchen Kreisen schauerlich beliebter Ausdruck!) Die Antwort lautet: 3, und auf die Gegenfrage: 2. Es wird also addiert und die Zahl 5 gespielt. Die Kugel rollt, und es erscheint die Ziffer 0. Da sagt der eine zum anderen: „Siehst du, hätten wir die Wahrheit gesagt, hätten wir gewonnen."

Letztlich werden aber solche Männer in anderer Hinsicht ihre eigenen Opfer. Ich möchte in diesem Zusammenhang ein Gedicht von Theodor Storm zitieren, den ich unendlich verehre und schätze und der wahrlich einem solchen Männertypus nicht zuzurechnen ist:

Wohl fühl ich, wie das Leben rinnt,
und daß ich endlich scheiden muß,
daß endlich doch das letzte Lied
und endlich kommt der letzte Kuß.

Noch häng ich fest an deinem Mund
in schmerzlich bangender Begier;
du gibst der Jugend letzten Kuß,
die letzte Rose gibst du mir.

Du schenkst aus jenem Zauberkelch
den letzten goldnen Trunk mir ein;
du bist aus jener Märchenwelt
mein allerletzter Abendschein.

Am Himmel steht der letzte Stern,
o halte nicht dein Herz zurück;
zu deinen Füßen sink ich hin,
o fühl's, du bist mein letztes Glück!

Laßt einmal noch durch meine Brust
des vollsten Lebens Schauer wehn,
eh' seufzend in die große Nacht
auch meine Sterne untergehn.

Beschreiben diese unvergeßlichen und unvergänglichen Verse nicht den Zustand einer deutlichen Abhängigkeit, eines unverkennbaren Ausgeliefertseins? Die letzte Geliebte, vielleicht der letzte Koitus seines Lebens, wer könnte die Tiefe eines solchen Befindens ermessen? Wer wollte sich erkühnen, hier Worte der Verachtung zu sprechen? Es gibt ungezählte Beispiele, auch von sehr bekannten Männern, die während einer Kohabitation gestorben sind.

Andererseits darf gefragt werden: Ist es nicht auch möglich, mit der eigenen, langjährigen Partnerin eine gute sexuelle Beziehung zu erhalten? Sagen die Franzosen nicht: Lieben heißt, miteinander alt werden können? Ich werde nie eine 72jährige Patientin vergessen, die vor etwa zwölf Jahren zu mir gekommen ist, eine Bäuerin aus dem Waldviertel, bei der ich eine schwere endogene Depression feststellen mußte. Am Ende der Ordination fragte sie: „Hat man bei der Depression sexuelle Bedürfnisse, oder erlöschen sie bei dieser Erkrankung?" Als ich erklärte, daß es charakteristisch für die Depression sei, daß die sexuelle Appetenz wesentlich reduziert, ja oft völlig aufgehoben sei, rief sie aus: „Bitte holen Sie gleich meinen Mann herein, und sagen Sie ihm das, denn er will täglich mit mir Verkehr haben." Dann habe ich also den 75jährigen Ehemann informiert, er hat es mühsam eingesehen und mir beschwörend zugerufen: „Bitte machen Sie meine Frau möglichst rasch gesund." Ich habe die alte Frau und den alten Mann bewundernd angesehen und war von beiden zutiefst bewegt und habe ein für allemal gelernt, das sexuelle Problem bei keinem Menschen, und sei er noch so alt, zu unterschätzen.

Claudio Magris fällt während seiner wunderbaren Beschreibung der Donau von der Quelle bis zur Mündung ins Meer bei der Station St. Florian folgende Szene ein:

„Mit einer 60jährigen schlafen? ereiferte sich neulich mein Freund Roberto im Café, um Himmels willen, aber, so fügte er hinzu, indem er die rhetorische Frage richtigstellte, Paola hat nicht nur ihr heutiges Alter von 60 Jahren, sie ist zugleich die 40jährige, die 30jährige, die 25jährige, mit der ich meine Tage und Nächte verbracht habe. Der Durchschnitt ergibt somit ein jugendliches Alter und wird es auch morgen noch ergeben. Ein Gesicht wird eindringlicher, markanter und bewußter, erfüllter und verführerischer. Um diesen Mund, unter dieser Nase, in der leichten Andeutung einer Falte, in dem dunklen Glanz der Augen wandern die vergangenen und gegenwärtigen Jahre, hat die Zeit sich eingeprägt und eingezeichnet. Die geschwungene Linie des Halses ist das Bett der Zeit, das Bett ihres Flusses! Der Mund, den dieser Fluß mit sich führt, ist der gestrige und heutige. Vielleicht hat Heraklit unrecht, man badet immer in demselben Fluß, in derselben unendlichen Gegenwart seines Fließens, und jedesmal ist sein Wasser klarer und tiefer."

In jeder Ehe ist die Gewöhnung eine Gefahr. Die stete Wiederholung droht die Spannung beim Sexualverkehr aufzuheben, und Langeweile kann eintreten. Mit Recht hat eine Filmschauspielerin einmal gesagt: „Die Aufgabe der beiden Liebenden müßte es sein, aus einer Reprise immer von neuem eine Premiere zu machen." Freilich: Leichter gesagt als getan. Aber Versuche in diese Richtung müßte man machen. Jeder Mensch hat geheime sexuelle Phantasien. Der Partner sollte sie, wenn möglich, erraten, und wenn dies nicht gelingt, sollte man den Mut haben, mit ihm darüber zu sprechen. Millionenmal findet diese Tragödie statt: Man schweigt aus Scham und hofft immer von neuem auf das Wunder, der andere werde von selber draufkommen. Auf diese Weise mißglückt ein Koitus nach dem anderen, und das Leben wird, zumindest auf diesem Gebiet, zum Friedhof begrabener Wünsche! Wenn es aber gelingt, die gegenseitigen Sehnsüchte zu entdecken, kann daraus eine sexuelle Glückseligkeit erwachsen, die kein Lebensalter und keine Ehedauer zugrunde richtet.

Ich habe einmal einen Patienten gehabt, dessen Mutter beinamputiert war. Daraus resultierte bei ihm ein Verhalten, welches ihm nur mit einer solchen Frau den herrlichsten Orgasmus bescherte. Welche Frau, der ein Bein fehlt, hätte sich denken können, daß gerade sie imstande sein könnte, einen Mann *so* glücklich zu machen. Die meisten beinamputierten Frauen fühlen sich minderwertig und kommen natürlich nicht auf den Gedanken, daß gerade ihr „Defekt“ einem anderen die höchste Seligkeit bescheren könnte. Dies ist sicherlich ein ausgefallenes Beispiel, aber es kann als Paradigma gelten für viele sexuelle Beziehungen: Wenn man zusammenpaßt wie der Schlüssel zum Schloß, dann kann es halten, über alle Schwierigkeiten und Krisen eines langen gemeinsamen Lebens hinaus.

Wir müssen freilich auch die Ehe neu zu sehen beginnen. Der Satz von den „ehelichen Pflichten“ ist ein Liebestöter ohne Beispiel, der macht aus Freude zunehmend lästige Verpflichtung. Sodann der Schwur, zu lieben und zusammenbleiben, „bis daß der Tod uns scheidet“. Wer fühlt sich befähigt, dies reinen Gewissens zu versprechen? Man soll nicht lieben, sondern man liebt: Zu einem Gefühl kann man sich nicht zwingen, daher auch nicht verpflichtet werden. Die Forderung ist geradezu lächerlich. Einer meiner Freunde wurde von einem ihm nahestehenden Priester getraut und bat sich (übrigens erfolgreich) aus, er dürfe von ihm nicht das Gelöbnis ewiger Liebe verlangen, sondern nur den Schwur, seine Frau nie sozial im Stich zu lassen. Dies ist zumutbar. Natürlich ist es das höchste und herrlichste Ziel, eine Ehe auf Lebensdauer zu führen, aber oft ist es tragischerweise gerade dieser Schwur „bis daß der Tod uns scheidet“, der dann die Beziehung scheitern läßt. Man fühlt sich als „Gefangener“, als „Verpflichteter“ nicht wohl und beginnt an der Kette zu zerren.

Mit Recht sagen die Chinesen: Der beste Weg, jemanden bei sich zu behalten, sei, die Tür offenzulassen. Die Ehe vermittelt den durch und durch falschen Eindruck, der Partner sei persönlicher Besitz geworden, um den man sich dementsprechend gar nicht mehr bemühen müsse. Kein Mensch gehört einem anderen, er gehört nur sich selber und, so möchte ich vorsichtig hinzufügen, Gott.

Aus meiner Erfahrung weiß ich von sehr vielen Menschen, deren zweite, später erfolgte Ehe zu vielen Höhepunkten führte und die bis zum Ende hielt. Erste Ehen werden oft als Flucht aus dem Elternhaus geschlossen, in einem jugendlichen Alter, wo noch jede Erfahrung fehlt und man überhaupt noch keine Ahnung hat, welches Wagnis man auf sich nimmt. Wer wollte es einem Menschen verübeln, wenn eine solche Ehe scheitert und nach dem Unglück ihm später das Erreichen einer glücklichen Beziehung gelingt. Ich sage dies nicht zuletzt deswegen, weil besonders die römisch-katholische Kirche, der ich angehöre, solchen Menschen kaum die Spur jener Barmherzigkeit zuteil werden läßt, von der gerade Jesus Christus so unendlich viel verkörperte.

Unser Ziel sollte also sein: die personale Liebe, die Integration der Sexualität in der Begegnung zweier Menschen. Eine meiner Patientinnen hatte wegen eines Brustkrebses die linke Mamma verloren, sie zog deswegen ihren Büstenhalter auch während des Beischlafes nicht mehr aus und wollte diesen nur in tiefster Dunkelheit durchführen. Schließlich sagte ihr Mann: „Ich habe nicht deine Brust geheiratet, sondern dich“ und erlöste sie damit aus ihrer unbeschreiblichen Not (siehe auch das Kapitel Psychosomatik). Darum geht es ja: die Vagina (und den Penis) gibt es millionenfach, aber *diese* Scheide (und *diesen* Penis) nur ein einziges Mal. Und so, eben durch die Hereinnahme der Person, können Beziehungen entstehen, die zu dauernder intensiver sexueller Glückseligkeit führen: außer Zweifel eine Gnade.

Anton Wildgans spricht in diesem Zusammenhang von einer Inbrunst, die schon fast Gebet wird.

Und nun zur Frau. Um sie hat sich jahrhundertelang im Grunde niemand gekümmert. So wie der Mann seinen Orgasmus betrieb und keinen Beitrag dazu leistete, daß ihn auch die Frau bekam, so interessierte ihn auch nicht das sexuelle Schicksal seiner Partnerin ab dem Klimakterium. Nimm Abschied, Weib, lautete die kalte und grausame Devise. Eine über 50jährige Frau und schon gar eine über 60jährige Frau, die will noch sexuelle Wünsche haben? Gott bewahre, was der Mann sich wie von selbst herausnimmt, das darf doch eine Frau nicht auch verlangen, geschweige denn bekommen.

Das Problem, das damit für die Frau zum Hauptproblem wurde, parallel zur Erektion des Mannes, war ihre Attraktivität. Sie gelangte zu dem Fehlurteil, daß sie das Ausbleiben der Menstruation ihrer Anziehungskraft beraube, sie es daher unter allen Umständen hinausziehen müsse, und sie benützte wahllos und in oft unkontrollierter Dosis Hormonpräparate, um noch eine „vollwertige Frau“ zu sein, selbst auf die Gefahr hin, daß damit eine Entwicklung in die Richtung des so gefürchteten Karzinoms eingeleitet werden könnte. Es ist daher sehr wichtig, der Frau zu zeigen, daß sie auch nach der Menopause sexuell äußerst anziehend und attraktiv bleiben kann. Die Grundlagen der weiblichen Welt sind eben die ausstrahlenden und anziehenden Emotionen der Liebe, und daher ist es entscheidend, ihr das Gefühl des Begehrtwerdens zu erhalten. Zu diesem Zwecke hat sie aber gerade in den letzten Jahrzehnten Eigeninitiativen entwickelt, d. h., sie hat nicht darauf gewartet, ob ein Mann so gnädig ist, mit ihr in näheren Kontakt zu treten, sondern sie hat selbst die Initiative ergriffen.

An dieser Stelle möchte ich Propaganda machen für ein Buch, das ich schon erwähnt habe, „Verschwiegene Lust“, Frauen über 60 erzählen von Liebe und Sex – von Renate Daimler, erschienen bei Kiepenheuer & Witsch. Da werden viele überraschte Augen machen! Wenn Frauen einmal auf den Geschmack gekommen sind, dann gibt es beglückende Erlebnisse.

Ich möchte nur ein Beispiel zitieren: Karla G., 73 Jahre: „Ich habe mir gedacht, jetzt oder nie. Mit mehr als 60 hat man ja nichts mehr zu verlieren. Ich habe immer noch gerade Beine, einen schönen Busen und eine gute Figur. Ich habe es sooo genossen. Jetzt weiß ich erst, was ich in meinen Ehen nie kennengelernt habe, jetzt weiß ich erst, was eine gute Geliebte ausmacht: Man muß ganz in dem Moment leben, in dem man sich hingibt. Wenn man an etwas anderes denkt, an die Moral oder an die Mutter, dann ist alles vorbei. Man muß sich von allem lösen und in dieser Sekunde frei sein. Die Sexualität ist eine Sache der Reife und des Alters. Ich glaube nicht, daß diese hübschen jungen Mädchen, denen die Männer verfallen, wirklich tief empfinden können. So wie man im Alter besser denken kann, wenn man nicht verkalkt ist, so kann man auch besser lieben."

Und was das allerschönste ist, sie treiben es auch immer wieder mit viel jüngeren Männern, haben also die geheiligte Domäne der Männer durchbrochen. Sie brechen aus Ehen, die sie unbefriedigt lassen, aus oder sind nicht bereit, wenn sie Witwen geworden sind, ewige Trauer zu tragen. Ja, selbst zur Onanie greifen sie, wenn sie keinen geeigneten Partner finden, und sie haben auch damit recht, denn die Verhinderung von Akten der Selbstbefriedigung schon in der frühen Kindheit ist ein schrecklicher Beweis für die sexualfeindliche Welt, in der wir teilweise noch leben. Die Onanie ist ein Stadium jeder sexuellen Entwicklung, welches durchlaufen wird, um schließlich die reife Form der interpersonellen geschlechtlichen Beziehung zu erreichen. Daß es wieder zur

Verfügung steht, wenn andere Möglichkeiten versagt sind, ist meiner Meinung nach die natürlichste Sache der Welt.

Wir dürfen nicht übersehen, daß jede Frau, die um ihr sexuelles Glück ringt, gegen viele Widerstände zu kämpfen hat. Da ist zuerst einmal oft eine sexualfeindliche Erziehung in der Kindheit, dann kommt dazu die Zurücksetzung der Frau auch heute noch, die ihr noch keineswegs die gleichen Rechte zugesteht wie dem Mann. „Das tut man nicht", heißt dann der Damm, den es zu überwinden gilt.

Wolfgang Cyram, Gynäkologe in Wiesbaden, sagt: „Nach acht Jahrzehnten sexualwissenschaftlicher Forschung wissen wir heute, daß die Sexualität für Mann und Frau bis ins hohe Alter einen wichtigen Bestandteil ihres Lebens darstellen kann. Sexualität bringt gerade dem älteren Menschen Freude und Selbstbestätigung, gibt ihm Selbstsicherheit und fördert Gemeinsamkeit und menschlichen Kontakt. Wir Ärzte sollten daher unsere alten Patienten dabei nach Kräften unterstützen. Unsere bisherigen sexuellen Klischees sind weder natürlich noch unabänderlich, es wird höchste Zeit, mit ihnen aufzuräumen. Nicht die Schönheit bestimmt, wen wir lieben, sondern die Liebe bestimmt, wen wir schön finden!"

Natürlich, man kann es nicht leugnen, auch für die Frau, wenn sie ihre Sexualität im Alter erleben will, wird es viele psychologische Probleme geben. Was tut sie zum Beispiel, wenn ihr Mann nur mehr über eine sogenannte „tote“ Hose verfügt? Dann mag sie vielleicht aus Sympathie oder Zusammengehörigkeit auch auf das Sexualleben verzichten, das wäre ein großes und sicherlich schweres Opfer – aber verlangen kann es eigentlich niemand von ihr. Und wie ist die Situation erst dann, wenn der Mann zwar seiner Frau gegenüber sexuell völlig inaktiv geworden ist, aber sich anderwertig intensiv betätigt? Wer könnte es einer solchen Frau verdenken, wenn auch sie ihre eigenen Wege geht?

Für sexuelle Enthaltsamkeit kann es gerade auch im Alter viele Motive geben, wir haben sie zu respektieren, weder zu verspotten noch zu fordern. Die tragische Aids-Krankheit dazu zu benutzen, um von den Menschen Keuschheit zu verlangen, wie es dieser Papst tut, ist wohl der übelste Mißbrauch eines Übels, den es geben kann. Ja, ich bekenne mich dazu, um es mit Wilhelm Reich auszudrücken, daß die Frau ebenso wie der Mann ein primäres Recht auf Orgasmus hat. Wir Männer müssen froh sein – diesen Gedanken habe ich schon einmal ausgeführt –, wenn uns die Frauen das Schreckliche, was wir an ihnen jahrhundertelang verbrochen haben, nicht mit gleicher Münze heimzahlen.

Nur ein paar Kilometer vor der türkischen Küste liegt eine wunderbare griechische Insel, die ich besonders liebe: Chios ist ihr Name. Dort haben lange Zeit Frauen, die keinen Geschlechtsverkehr mehr hatten, eine Steuer zahlen müssen, ihr

Name war Argomuniatikon. Man sieht aus diesem Beispiel, es war eher die Norm, daß man auch im Alter noch Geschlechtsverkehr hatte. Glücklicherweise gibt es eine solche Steuer bei uns (noch) nicht, ich wünsche aber jedenfalls möglichst vielen Frauen, daß sie sie, wenn es sie gäbe, nicht zahlen müssen.

Eine abschließende Zusammenfassung; sie gilt für Mann und Frau. Eine erfüllte Sexualität vermag die Palette unseres Alters um eine kostbare Farbe zu bereichern, die uns auch in diesem Zeitabschnitt ein neues Lebensgefühl zu schenken vermag.

Und wenn endlich doch Abschied genommen werden muß, wozu es ja bei Mann und Frau verschiedene Ursachen geben kann und gibt, so ist dies wirklich kein leichter Prozeß. In meinem Leben weiß ich einen Mann, der mit 85 Jahren an einem Prostatakarzinom erkrankte und mit weiblichen Hormonen behandelt wurde. Wie es schon geht in der Medizin, er wurde weder über die Diagnose informiert, noch wurde ihm gesagt, worin die Behandlung bestehe und daß man dabei seine Potenz verliere (offenbar dachte man, die gäbe es bei ihm schon lange nicht mehr). Eines Tages kam er völlig vernichtet zu mir und klagte: „Ich mag nicht mehr leben, es ist bis vor kurzem noch so gut gegangen, und jetzt ist alles vorbei." Als ich ihm erklärte, daß dies die Folge der Therapie sei und daß er ihr sein Leben verdanke, er daher nach dem derzeitigen Wissenstand nur zu wählen habe zwischen Verlust des Lebens oder Verlust der Sexualität, da sagte er keineswegs, wie man es erwarten würde, da wähle ich selbstverständlich das Leben, sondern er erbat sich Bedenkzeit!! Wohl entschloß er sich schließlich für die Fortsetzung der Therapie, aber mich hat dieses Beispiel doch für mein ganzes weiteres Leben nachdenklich gestimmt über den Stellenwert, den Sexualität bis ins hohe Alter für den Menschen haben kann. Und immer wieder fällt mir Goethe ein:

„Wie bist du so ausgeartet?
Sonst warst du am Abend so herrlich und hehr!"
Wenn man kein Liebchen erwartet,
gibt's keine Nacht mehr.

Und doch kann der Abschied von der Sexualität in Würde gelingen, denn eines ist weder Frau noch Mann zu nehmen: die Zärtlichkeit (die Wärme, das Streicheln, die Umarmung, der Kuß), die man als schönste Sublimierung der Sexualität bezeichnen könnte. „Erotisch“ in diesem Sinne kann man bis in jede einzelne Bewegung bis zuletzt bleiben.

Zusammenfassend ist zu sagen, daß viel mehr Frauen im Alter partnerlos sind als Männer, sodann muß bedacht werden, daß es für die alte Frau viel schwieriger ist, Kontakt mit neuen potentiellen Bezugspersonen aufzunehmen, als für Männer. Wir leben nach wie vor in einer Welt, in der es für eine Frau nicht „schicklich“ ist, sich an Männer „heranzumachen“. Freilich, der Mann ist gewohnt, auf „Aufriß“ zu gehen, aber die Frau ist diesbezüglich viel weniger „trainiert“. Es wird immer wieder berichtet, daß es viele Frauen gibt, die den Sexualverkehr im Alter nicht vermissen: sie hätten an der Sexualität nie recht Gefallen gefunden, nur widerwillig ihre Pflicht im Ehebett erfüllt, und also falle ihnen die „Enthaltsamkeit“ nicht schwer. Es fragt sich aber, ob sie es in der Tiefe ihres Herzens nicht doch bedauern, niemals „wachgeküßt“ worden zu sein.

Andere einsame alte Frauen wiederum wollen ihrem Mann ein besonderes Angedenken bewahren und sich ihre Erlebnisse mit ihm nicht durch neue Verbindungen trüben lassen, man wird dies zu verstehen und zu respektieren haben. Alles in allem aber glaube ich, daß bei vielen Frauen doch weiterhin intensive sexuelle Wünsche bestehen (die auch im Traum zum Ausdruck kommen), welche aber mit aller Kraft ins Unbewußte verdrängt werden, um den eigenen Seelenfrieden nicht zu verlieren; dann versuchen sie, aus der Not eine Tugend zu machen. Viel aufrichtiger erscheint mir der Ausspruch einer 73jährigen zu sein: „Wie soll man radfahren, wenn man kein Fahrrad hat.“ All diese Frauen möchte ich ermutigen, sich ein Fahrrad anzuschaffen, und sei es nur, um es ansehen zu können.

C. Psychosomatische Probleme des alten Menschen

Über psychosomatische Erkrankungen sind grundsätzlich fünf gemeinsame Punkte herauszuarbeiten.

1. Es muß eine nachweisbare körperliche Veränderung, also Erkrankung oder Funktionsstörung vorliegen (z. B. Magengeschwür, Herzjagen).

2. Es muß eine seelische Konfliktsituation bestehen, die in einen ursächlichen Zusammenhang mit der somatischen Störung gebracht werden kann.

3. Das, was psychosomatisch krankmachend wirkt, sind: kränkende Gefühle („was kränkt, macht krank“, wie Herz es formuliert hat); nicht der rationale, sondern der emotionale Bereich ist entscheidend. Dies unterstreicht die Bedeutung eines gesunden Gefühlslebens (welches bei uns so unterschätzt wird), auch für die körperliche Gesundheit.

4. Die entscheidende Schaltstelle zwischen Seele und Körper, somit der Weg, auf dem die Seele den Körper krankmachend beeinflussen kann, ist das vegetative oder autonome Nervensystem, das alle Organe oder Organsysteme beherrscht, die sich unserem Willen entziehen. Jedes menschliche Gefühl ist mit typischen Reaktionen des vegetativen Nervensystems koordiniert, d. h., unsere Emotionen werden vegetativ ausgedrückt.

5. Daraus ergibt sich, daß sich psychosomatische Erkrankungen vor allem in jenen Organen manifestieren werden, die dem vegetativen Nervensystem unterstehen, und das sind: Herz-Kreislauf-System, Atmungstrakt, Magen-Darm-Trakt, Urogenitaltrakt, Endokrinum (Drüsen mit innerer Sekretion), Haut und – das folgende ist die jüngste Entdeckung, die aber, wie wir hier noch sehen werden, von großer Bedeutung ist – das Immunsystem.

Die psychosomatische Pathogenese im Alter

1. Die psychosomatische Pathogenese (Krankheitsentstehung) ist vor allem im Bereich des Herz-Kreislauf-Systems wirksam.

2. Damit sind die psychosomatischen Manifestationen dieses Lebensabschnitts besonders gefährlich, sie haben eine hohe Mortalität. Mehr als ein Viertel der Todesfälle, z. B. in Deutschland, gehen in den letzten Jahren auf das Konto von Herz-Kreislauf-Erkrankungen; in den Vereinigten Staaten hat sich ihre Todesrate verdreifacht – dabei spielen gerade psychosomatische Leiden eine bedeutende Rolle.

3. Bei psychosomatischen Störungen ist der Lebensstil der betroffenen Persönlichkeit von ausschlaggebender Bedeutung, ein Faktum, welches bei psychosomatischen Störungen junger Menschen jedenfalls nicht so ins Gewicht fällt. Im Folgenden möchte ich mich mit vier psychosomatischen Problemen des alten Menschen beschäftigen:

a) essentielle Hypertonie (hoher Blutdruck)
b) Managerkrankheit (Herzinfarkt)
c) Krebs
d) sogenannte psychosomatische Dekompensation

ad a) Essentielle Hypertonie

Wenn Ärzte bei einem Patienten einen hohen Blutdruck entdecken und trotz gewissenhafter Durchuntersuchung keine Ursache finden können, so diagnostizieren sie „essentielle Hypertonie“, ein letztlich nichtssagender Ausdruck, der soviel bedeutet wie: Ich kenne den Grund der Störung nicht. Sie sollten den Mut haben, von einer psychosomatisch verursachten Hypertonie zu sprechen, denn gerade bei diesen Fällen spielt der psychische Faktor hinsichtlich ihrer Entstehung eine wichtige, freilich nicht alleinige Rolle. Wir wissen aus Tierversuchen, daß Hochdruck durch seelische Einflüsse künstlich erzeugt werden kann, und aus Hypnoseexperimenten, daß im hypnotischen Schlaf ein starker Einfluß auf den Blutdruck ausgeübt werden kann, sowohl im Sinne eines Anstieges als auch eines Abfalls. Die psychische Exploration zeigt, daß es ein ganz bestimmter Persönlichkeitstyp ist, der besonders hypertoniegefährdet erscheint, nämlich Menschen, die andauernd einer ungewöhnlich starken Spannung ausgesetzt sind. Die Frage ist berechtigt, wie entsteht sie? Hier scheiden sich die Geister. In der psychosomatischen Medizin muß man heute immer mehr zwei Richtungen unterscheiden, die man als streßorientiert bzw. neuroseorientiert bezeichnen könnte.

Die einen glauben, daß die psychische Schädigung, die schließlich zur körperlichen Erkrankung führt, durch äußere Faktoren, zeitbedingte Belastungen (Lärm, Tempo, Überforderung usw.), letztlich also durch Streß zustande kommt. Die anderen halten innerseelische Konflikte, wie sie durch Neurotisierung entstehen, und die Entwicklung von anhaltenden unbewußten negativen Gefühlen (im Gegensatz zu den bewußten, die aus Streß resultieren) für pathogenetisch ungleich wichtiger. Sie weisen darauf hin, daß es gegen jeden Streß für lange Zeit wirksame Gegenregulationsmechanismen gibt, die Selye (der Vater des Streßbegriffes) als Adaptationssyndrom beschrieben hat, und die sich nur unter außerordentlichen Belastungsbedingungen erschöpfen. Ferner erinnern sie daran, daß man zwischen Eu- und Disstreß unterscheiden müsse, nämlich einem freudigen und einem unlustbetonten, und daß nur der letztere krankmachend wirke. Außerdem halten sie die Erfahrung der Physiologen fest, daß bewußte Emotionen dreifach abreagiert werden können, nämlich in der Sprache, in der Motorik und durch das Vegetativum. Sie meinen nun, daß bei bewußten Emotionen durch Gespräche und Motorik so viel negatives Gefühl abreagiert werden könne, daß das Vegetativum wesentlich entlastet sei, während diese zwei anderen Kanalisationen bei unbewußten Gefühlen natürlich wegfallen, wodurch es zu einem besonderen Druck auf das Vegetativum kommt.

Meiner Meinung nach sollte man sich hier jeder einseitigen Stellungnahme enthalten, denn sicherlich werden beide Faktoren pathogenetisch eine Rolle spielen. Bedenken wir, daß es sich bei den Hypertonikern, bei den Hochdruckkranken, sehr oft um Menschen handelt, die bei ihrem Weg nach oben sozusagen in der Mitte hängengeblieben sind, ihr Wunschtraum, daß ihnen einmal niemand vorgesetzt sein möge, ist nicht in Erfüllung gegangen. Es liegt dann sehr nahe, das verstärkte Spannungspotential solcher Menschen sozial- und gesellschaftsstrukturell zu erklären, nämlich damit, daß sie ihrer Mittlerfunktion zwischen oben und unten, die ihnen ihre Mittelposition zuweist, nicht gewachsen sind und sich daher wie zwischen zwei Mühlsteinen aufgerieben vorkommen. Eine solche Interpretation ließe einen Satz von Wyrsch berechtigt erscheinen, daß „derjenige, dem Pflichterfüllung und Aufopferung höher stehen als sein Leben, sehr folgerichtig dann auch mit seinem Leben für diese seine Haltung büßen muß". Hier wird es Leser geben, die einer solchen Einstellung beipflichten, und andere wieder, die sagen, daß ein Mensch auch ein Recht habe, bis zu einem gewissen Grad an sich selbst und an sein Wohlergehen zu denken (ich gehöre zu den letzteren).

Auf der anderen Seite kann man aber die Bereitschaft, alles auf sich zu nehmen, zu Forderungen, die von außen und oben kommen, unter allen Umständen (auch gegen jede vernünftige Überlegung, daß sie das Maß des Möglichen bei weitem überschreiten) JA zu sagen, nicht nur moralisch interpretieren, sondern auch anders, nämlich tiefenpsychologisch, somit als neurotisches Symptom. Diese Deutungsmöglichkeit wird unterstützt durch Befunde, die bei vielen Menschen vom psychosomatischen Hochdruck erhoben wurden.

Solche Menschen sind seit der Kindheit oft unter besonderem Druck der Eltern gestanden (wobei dem Vater eine psychotoxische, d. h. seelenvergiftende Rolle viel mehr zukommt als der Mutter), ohne daß sie gelernt haben, sich gegen diesen Druck erfolgreich durchzusetzen. Anders ausgeführt, diese Menschen sind in der Kindheit neurotisiert worden. In ihren Bemühungen um Selbständigkeit sind sie gleichsam auf halbem Wege stehengeblieben, der Durchbruch zur Unabhängigkeit von den Eltern ist nicht ganz geglückt (so gesehen erscheint es dann auch ganz folgerichtig, daß sie später auf dem Wege nach gehobenerer sozialer Stellung ebenfalls etwa in der Mitte hängenbleiben). Ein solch frühkindlicher Konflikt würde ausreichend auch das Nicht-nein-sagen-Können gegenüber Forderungen von Vorgesetzten erklären, handelt es sich doch bei diesen um Vaterfiguren, zu deren Wünschen man seit der Kindheit JA gesagt hat, ja sagen mußte. Jede

Autorität wird auf diese Weise zur väterlichen Autorität, die man in der Kindheit nicht zu meistern lernte, der Betroffene aber irgendwie zur gehorchenden Maschine.

Dieses Gefühl ist gerade in Österreich besonders groß, weil hier seit Jahrhunderten über alle politischen Umwälzungen hinweg ein krankhafter Autoritätsbegriff herrscht und bedingungsloser Gehorsam nach wie vor ein Erziehungsziel vieler Eltern in Österreich geblieben ist. Dieser neurotische Vorgang erinnert an den Satz von Medard Boss: „Es gibt einen Hochdruckerreger mentaler Art, nämlich eine Schrumpfung der Menschlichkeit, eine seelisch-geistige Verarmung auf das nur mehr rationale Planen und willentliche Leistenwollen." Wie sagt doch mein Freund Georg Kreisler: „Je mehr Pflichtgefühl ein Mensch hat, desto weniger verfügt er über andere Gefühle."

Für den neurotischen Charakter dieser Menschen würde auch die Tatsache sprechen, daß sie, wie häufig festzustellen ist, keine Fähigkeit besitzen, die entstandenen Aggressionen nach außen hin abzureagieren, sondern alles „in sich hineinfressen". Selbst die fortgeschrittenste Zivilisation kann dem Menschen nicht alle Abreaktionsmöglichkeiten nehmen (daß sie immer mehr eingeschränkt werden, kann freilich nicht geleugnet werden). Wenn aber die erste Aggression, wie im Falle der Neurose, gegen die Eltern gerichtet erscheint, wird sie mit einer besonderen Verdrängung, Hemmung und Tabuisierung verbunden, also mit Verhaltensweisen, die bei vielen Hypertoniekranken auftreten. In all diesen Fällen würde es also zum Kampf kommen zwischen zwei an und für sich miteinander unvereinbaren Triebtendenzen (Unabhängigkeit – Abhängigkeit, Auflehnung – Gehorsam), die infolge des neurotischen Konfliktes gleichzeitig, die eine bewußt, die andere unbewußt, miteinander verzahnt sind. Diese Möglichkeit der Pathogenese erinnert an das Modell Alexanders, nach dem sich die Tendenzen der Aggression und der Unterwerfung gegenseitig gleichzeitig steigern und blockieren, was letztlich einen emotionsparalysierenden Effekt hat, der schließlich in eine schwere Irritation des vegetativen Nervensystems führt.

Zum Abschluß also nochmals die Feststellung, daß bei Entstehung jener seelischen Spannung, die für Hypertoniker charakteristisch zu sein scheint, Außen- und Innenfaktoren gleichermaßen Berücksichtigung finden müssen. Das heißt, auf der einen Seite brauchen sie therapeutische Maßnahmen, auf der anderen Seite eine Gesellschaft, die dafür sorgt, daß die Lebensbedingungen, insbesondere im Berufsleben, sich so verbessern, daß Menschen an ihnen nicht zugrunde gehen müssen. Mit Recht hat in diesem Zusammenhang Horst Eberhard Richter gesagt: „Ist ein Mensch erst dann krank, wenn er den Hochdruck bekommt, oder nicht schon, wenn er bereit ist, unter einem Druck zu arbeiten, bei dem man sich ausrechnen kann, daß er in Kürze einen Hochdruck haben wird." (Der Zusammenhang zwischen Arbeitsdruck und Hochdruck ist dabei auch rein sprachlich hergestellt.)

Die Bekämpfung des hohen Blutdrucks, solange noch keine irreversiblen Schäden eingetreten sind, ist nicht nur deswegen so wichtig, weil viele Todesfälle alter Menschen auf diese Krankheit zurückgehen (durch Schlaganfall), sondern weil die Hypertonie einen wesentlichen verursachenden Faktor der Arterienverkalkung darstellt, die im Alter dann zur arteriosklerotischen Demenz und somit zur so gefährlichen vaskularen Dekompensation zu führen droht. (Siehe III. Kapitel, Abschnitt A.)

ad b) Herzinfarkt

Daß ein Herzinfarkt oft nach einer psychischen Aufregung auftritt, ist bekannt, und diesbezügliche dramatische Fälle sind in der Literatur wiederholt beschrieben worden. Davon aber abgesehen, spielt auch häufig eine chronische, psychische Fehlentwicklung in der Vorgeschichte eine Rolle, die sich eben im Lebensstil des Managers am deutlichsten manifestiert, weswegen man die Erkrankung oft auch als „Managerkrankheit" bezeichnet. Dabei ist es absolut unzulässig, Managerkrankheit und Managerposition gleichzusetzen, denn man kann ein Manager sein und trotzdem keine Tendenz zum Lebensstil eines Managers zeigen. Das beste Beispiel dafür ist Churchill, der einmal gesagt hat: „Ich bin nie gestanden, wenn ich sitzen konnte, und nie gesessen, wenn ich liegen konnte." Außerdem gibt es auf der anderen Seite Menschen, die weit von einer Managerposition entfernt sind und trotzdem das Gehaben von Managern entwickeln. Man könnte sie im Deutschen als „Wichtigtuer" (wienerisch: Gschaftlhuber) bezeichnen.

Ob man den Lebensstil eines Managers hat, scheint also nicht so sehr von der Position, die man einnimmt, sondern von der Persönlichkeit abhängig zu sein, zu der man sich entwickelt hat. Hier dominieren nun, im Gegensatz zur Hypertonie, *eindeutig* innere Faktoren. Die Kindheit dieser Menschen ist wiederholt durch ein außergewöhnliches Ringen um die Liebe der Eltern, die bedroht erscheint, gekennzeichnet. Als Mittel in diesem Kampf wird von klein auf außergewöhnliche Leistung eingesetzt, wodurch es nach und nach zu einer Vergötzung von Erfolg und Leistung kommt, die allmählich, unabhängig vom ursprünglich angestrebten Ziel (Liebe) eine Eigendynamik entwickeln als Selbstzweck, den Betreffenden mit sich fortreißend. Tragischerweise gibt es gar nicht so selten auch Eltern, die ihre Bereitschaft, das Kind zu lieben, an Bedingungen knüpfen, so zum Beispiel: „Wenn du schlechte Noten heimbringst, bist du nicht mehr mein Kind!" Es ist überflüssig zu betonen, daß solche Eltern in Wirklichkeit niemals ihr Kind lieben, sondern einzig und allein sich selbst.

Auch diese Kinder entwickeln eine Zentrifugalaktivität, die sie die ursprüngliche Bindung an das Elternhaus durchbrechen läßt. Sie ziehen in die Welt hinaus, bleiben nicht wie die Hypertoniker infolge geheimer Hemmungen hängen, geraten aber fast automatisch in einen rasenden Lebensstil, der sich nach Art eines Teufelskreises immer mehr verstärkt. Charakteristisch ist ihr Umgang mit der Zeit: Alles muß möglichst rasch gehen, sie sprechen schnell, sie essen hastig, machen mehrere Dinge gleichzeitig, je schneller, desto besser. Kein Verkehrsmittel kann ihnen rasch genug sein, sie befinden sich ständig auf der Hetzjagd. Die Folge ist eine starke innere Unruhe und Ungeduld. Mein Lehrer, Hans Hoff, hat diese Menschen mit „Windhunden“ verglichen, die beim Rennen einem elektrisch betriebenen Hasen nachlaufen, den sie nie erreichen können. Der Vergleich ist tragisch zutreffend: Erstens laufen auch die Manager im Grunde einer Attrappe nach, und zweitens brechen sie oft genug tödlich getroffen zusammen, bevor sie das heißersehnte Ziel (welches eigentlich?) erreicht haben.

Daß es sich dabei um ein neurotisches Verhalten handelt, läßt sich am besten dadurch aufzeigen, daß diese Menschen nicht imstande sind, dem ihnen oft erteilten ärztlichen Rat, doch endlich einmal „auszuspannen“, Folge zu leisten, denn damit wird gerade *das* von ihnen verlangt, was sie aufgrund des innerneurotischen Zwanges nicht erfüllen können (ganz im Gegenteil zum normal abgespannten, erschöpften, nur durch äußere

Umstände überforderten Menschen). Es entspricht auch dieser irrational neurotischen Kraft, daß von Managerkranken die ersten eindringlichen Warnsymptome der Gefahr glatt übersehen werden. Bereits hier setzt die so gefährliche Tendenz zur „Verdrängung und Ausgliederung“ der Krankheit ein, die sich später verhängnisvoll auswirkt.

In der folgenden Tabelle möchte ich die Frühsymptome bei Hypertonie und bei Managerkrankheit einander gegenüberstellen:

Hypertonie	Managerkrankheit
Kopfschmerzen (der Kopf platzt) Herzklopfen Ohrensausen „sogenannte" Wallungen Schwindel	Gefühl innerer Unruhe und Spannung schmerzhaftes Druckgefühl in der Herzgegend, besonders bei psychischer Aufregung, oft in den linken Arm ausstrahlend allgemeine Tendenz zu vegetativen Schlafstörungen Angstgefühl im Sinne drohender Erschöpfung

Man könnte vielleicht sagen, daß der Herzinfarkt hier gar nichts zu suchen hat, weil er keine typische Alterserkrankung ist, denn tragischerweise sind heute schon immer jüngere Menschen (40- bis 50jährige) davon betroffen; dennoch konnte ich nicht umhin, die Problematik der Managerkrankheit hier zumindest anzuschneiden, denn es muß uns ja klar sein, daß gerade für den Managertypus die Pensionierung ein enormes Problem darstellt, weil ihm damit eigentlich sein einziger Lebenszweck genommen, man könnte auch sagen, sein Boden unter den Füßen weggezogen wird. Dann dürfen wir uns nicht wundern, wenn gerade oft in diesem Moment psychosomatische Katastrophen über ihn hereinbrechen. Manfred Pflanz hat darauf hingewiesen, daß gerade oft die sogenannte „Entlastungssituation" zum tragischen Wetterwinkel auftretender Zusammenbrüche werden kann, weil nämlich der Organismus nicht rasch genug imstande ist, sich auf die neue Situation einzustellen. Daraus kann nur eine Lehre gezogen werden: Gerade auch beim Manager muß man frühzeitig beginnen, sich auf die neue Situation der Pensionierung innerlich um- und einzustellen. Das wird oft ohne psychologische Hilfe nicht gelingen.

Damit sind wir auch bei dem Thema: Therapie psychosomatischer Störungen im Alter. Hier gilt immer der Grundsatz: Kombination von organischer und psychischer Behandlung. Ein Mensch, der körperlich und psychisch krank ist (und das ist jeder psychosomatische Patient), bedarf einer Behandlung auf beiden Gebieten. Die körperliche Behandlung soll die Krankheit beseitigen, die seelische die Krankheitsursache an der Wurzel treffen und damit eine neue Erkrankung verhindern. Ich betone, daß diese Kombination durchaus realisierbar ist. Wenn je der Eindruck erweckt worden sein sollte, daß sich Psychosomatiker einbilden, mehr zu können als der Internist, so handelt es sich dabei um ein Mißverständnis. Alles, was wir postulieren, ist, daß in allen psychosomatischen Fällen die Psychotherapie eine wichtige und unbedingt notwendige *Ergänzung* der organisch-therapeutischen Maßnahmen darstellt. Freilich möchte ich darauf hinweisen, daß die damit geforderte Teamarbeit der Ärzte verschiedener Fachrichtungen nur möglich ist, wenn man eine gemeinsame Plattform, eine gemeinsame Sprache gefunden hat.

An dieser Stelle benütze ich die Gelegenheit, eine Forderung aufzustellen, deren bisherige Nichterfüllung nun schon geradezu zu einem Skandal zu werden droht. Es ist ganz klar, daß wir eine pychosomatische Klinik brauchen, zuerst einmal für die Forschung, dann für die Lehre und ferner sozusagen als zentrales Herzstück aller psychosomatischen Bestrebungen. Diese Zentrale könnte auch dafür garantieren, daß die Studenten endlich über Psychosomatik genügend erfahren und entsprechend geprüft werden. Was die Aus- und Fortbildung der Ärzte betrifft, so ist diesbezüglich ein erfreulicher Fortschritt festzustellen, es gibt jetzt mehrjährige Kurse der Ärztekammer, die den Medizinern (Ärzten aller Fachrichtungen und ganz besonders auch praktischen Ärzten) entsprechende Kenntnisse vermitteln und sie befähigen, mit den psychosomatischen Patienten richtig umzugehen. Diese Kurse werden mit einem Diplom abgeschlossen, wodurch die Patienten von nun an wissen werden (was ja bis zum gegenwärtigen Augenblick noch nicht genügend gewährleistet ist), wohin sie sich mit psychosomatischen Problemen wenden können.

Nochmals möchte ich klarstellen: Wenn einem Menschen mit einer psychosomatischen Erkrankung die psychische Behandlung vorenthalten wird, ist dies nicht zu verantworten, und ich kann nur für die Zukunft hoffen, daß das Heer der psychosomatischen Kranken sich dieser Situation bewußt wird und nicht aufhört, Druck in der Richtung einer entsprechenden psychischen Behandlung auszuüben, bis dieses, ihr Recht, Erfüllung gefunden hat.

Was nun die psychosomatische Behandlung von Hypertonie und Managerkrankheit betrifft, darf vielleicht noch einmal an die Bedeutung des Lebensstils und seine mögliche Determinierung von außen (Lebensumstände, Umweltbedingungen) oder innen (neurotische Konflikte) erinnert werden. In diesem Sinne wird es vor allem darum gehen, in jedem einzelnen Fall möglichst exakt zwischen dem Anteil von außen und innen am Zustandekommen der Erkrankung zu differenzieren.

Wenn die neurotischen Faktoren überwiegen, muß selbstverständlich eine analytisch orientierte, unbewußte Determinanten aufdeckende Psychotherapie durchgeführt werden, wobei vielleicht erwähnt werden darf, daß fortgeschrittenes Lebensalter nach der heutigen weiterentwickelten tiefenpsychologischen Auffassung keineswegs eine

Kontraindikation gegen eine solche Therapie darstellt. (Freud glaubte noch, daß ältere Menschen für eine aufdeckende Psychotherapie nicht in Frage kommen.) Überall dort aber, wo die Außenfaktoren das Entscheidende sind, wird man sich vorrangig damit beschäftigen müssen, diese soweit als möglich abzuschwächen oder auszuschalten und den Patienten zu beruhigen, zu entängstigen, zu entspannen und zu ermutigen.

ad c) Krebs

Schon höre ich einige kritische Leserstimmen: Was, Krebs gehört jetzt auch schon zu den psychosomatischen Erkrankungen? Ich muß bekennen, daß ich noch im Jahre 1975, als mir die Ehre zuteil wurde, in einem Handbuch über psychosomatische Aspekte der Krebserkrankung zu referieren, folgenden Satz prägte: „Ich glaube nicht, daß wir jemals zu der Erkenntnis kommen könnten, die Krebserkrankung als eine psychosomatische zu bezeichnen." Ich muß bekennen, daß ich heute diesen Satz so nicht mehr formulieren würde, was ich noch im Folgenden begründen werde.

Einleitend möchte ich sagen, daß die Krebserkrankung sowohl somatisch-psychische als auch psycho-somatische Probleme aufwirft. Ich möchte mit den ersteren beginnen.

Wenn es eine Tatsache, ja sogar eine „Binsenweisheit" ist, daß jede Krankheit psychische Reaktionen (Beunruhigung, Verunsicherung, Depression usw.) hervorruft, so muß diese Feststellung ganz besonders für eine Erkrankung gelten, bei der schon das Wort, mit dem sie bezeichnet wird, Panik und Todesangst hervorruft. Noch heute bleibt in der Bevölkerung die Ansicht verbreitet, daß diese Diagnose mit einem Todesurteil identisch ist. Wir wissen auch, daß die Krebsgefahr mit zunehmendem Alter größer wird, der Krebs ist in dieser Periode nach wie vor eine der häufigsten Todesursachen, und es versteht sich damit ganz von selbst, daß die Auseinandersetzung mit dieser Gefahr keinem altwerdenden Menschen erspart bleibt. Ich plädiere grundsätzlich dazu, diese Problematik nicht zu verdrängen, sondern sich mit ihr möglichst sachlich auseinanderzusetzen.

Wenn es im allgemeinen stimmt, daß von der emotionalen Reaktion des Patienten ganz wesentlich jeder Krankheitsverlauf abhängig ist (eine Tatsache, die leicht nachzuprüfen ist – z. B. bleiben auch die intensivsten ärztlichen Bemühungen bei einem Menschen, der sich selbst aufgibt, erfolglos), dann ist nicht einzusehen, warum dieses Gesetz nicht auch für das Karzinom gelten sollte. Wir dürfen daher diesen Aspekt aus unserem therapeutischen Gesamtplan der Behandlung bösartiger Tumore nicht ausschalten.

Der Satz von Mlczoch: „Jeder Krebskranke benötigt eine psychotherapeutische Unterstützung und Führung“ kann nur voll bestätigt werden. Aber wie sieht die Wirklichkeit aus? Besserung kann auf diesem Gebiet meiner Überzeugung nach nur eintreten, wenn man zuerst einmal aufrichtig bekennt, daß die Medizin bisher auf diesem Gebiet vollständig versagt hat. Dies deswegen, weil sie lange Zeit nur die „materielle“ Wirklichkeit des Patienten zur Kenntnis genommen hat, d. h., es wurde bloß die Summe seiner Organe gesehen, und die Welt seiner Empfindungen wurde als subjektiv abgetan. Demnach sind die Gefühle unserer Kranken ungenügend oder gar nicht zur Kenntnis genommen worden. Diese Tatsache hat ungezählten Patienten sehr geschadet, da dieser Aspekt auch bei den Karzinompatienten unberücksichtigt blieb.

Zwei Sätze aus dem Brief eines Krebskranken sollen dies unterstreichen: „Ich bin wöchentlich konfrontiert mit Patienten, welche in Resignation und Selbstaufgabe verfallen. Wir werden zu Schauspielern, und derjenige Patient spielt seine Rolle am besten, der ohne Aufhebens so geräuschlos wie möglich stirbt, wie ein Stein, der, ohne Wellen zu schlagen, ins Wasser taucht.“

Offenbar sind wir Ärzte bisher noch nicht genügend imstande gewesen, zu erfassen, welche Ängste, welche Nöte hier aufgestaut sind und welche menschlichen Probleme somit ihrer Entflechtung harren. Wir haben irrigerweise immer geglaubt, mit dem Einsatz von Stahl (Operation), Strahlen (Röntgen) und mit der verbesserten medikamentösen Behandlung (Cytostatika) unsere ganze Pflicht erfüllt zu haben; dies ist aber durchaus verständlich, da ja alle diese Therapieformen den ganzen Einsatz einer Person beanspruchen.

Die wichtigste Frage bleibt, ob der Patient über seine Diagnose informiert werden soll. Die Auffassung von früher war, daß das Wissen um die Krebskrankheit den Patienten umbringt. Möglicherweise sind wir nicht nur aus altruistischen, d. h. menschfreundlichen Motiven zu diesem Schluß gekommen (so angenehm diese Deutung auch für uns wäre), sondern aus sehr egoistischen Gründen, nämlich der Angst vor dieser „persönlichen" Aufgabe – weil es das bequemste ist, ein Problem durch Schweigen zu übergehen. Viele Untersuchungen in letzter Zeit haben Anhaltspunkte dafür erbracht, daß es sich dabei nicht nur um eine Frage der Menschlichkeit und Barmherzigkeit handelt, sondern auch um eine der medizinischen Nützlichkeit.

Einiges spricht dafür, daß der wissende Patient, wenn es ihm einmal gelungen ist, den Schock zu überwinden und dann neue Strategien im Kampf mit der Krankheit zu entwickeln, mit einer besseren Abwehrlage seines Organismus rechnen kann (die ja bei jeder Erkrankung eine wichtige Rolle spielt, ganz besonders aber bei einer, die ein primäres immunbiologisches Problem darstellt wie der Krebs), wodurch sich dann die Prognose vielleicht sogar entscheidend zu bessern vermag. Man darf ferner davon ausgehen, daß jeder Krebserkrankte, auch wenn man ihm die Wahrheit nicht sagt, eine dunkle Ahnung, ein „Vorgefühl" hat, das in seiner Seele dann wahrscheinlich eine noch viel schlimmere Disstreßbelastung darstellt als die, welche durch die Konfrontation mit der Wahrheit zustande kommt. Denn die dunkle Ahnung bleibt ja bestehen, während durch die Auseinandersetzung mit der Wahrheit eine Entlastung eintreten kann, vorausgesetzt, daß der Arzt bereit ist, nicht nur die Diagnose mitzuteilen, sondern dem Patienten dann auch zu helfen, die Auseinandersetzung mit der sehr belastenden Eröffnung im guten Sinne fortzusetzen. Mit allem Nachdruck sei daran erinnert, daß Herberger zu Recht an die Spitze seiner sogenannten „Kummerskala" die Konfrontation mit der Tatsache, man leide an einer lebensbedrohlichen Krankheit, gestellt hat.

Die Mitteilung der Diagnose sollte immer so erfolgen, daß sie mit einer Ermutigung verbunden ist und Raum für Hoffnung bleibt. Der Begriff der unheilbaren Krankheit muß aufgeschlüsselt werden, und es muß gezeigt werden, daß es in Wirklichkeit gerade bei dieser Gruppe sehr verschiedene Verläufe gibt und die individuelle Verlaufsform nicht zuletzt vom Verhalten des Patienten abhängig ist. Der Patient muß daher wissen, daß er nicht bloß wehrloses Opfer der Erkrankung ist, sondern sie von sich aus, natürlich mit ärztlicher Hilfe, beeinflussen und zum günstigen wenden kann. Die Fortschritte der modernen Krebstherapien haben die Grenzen zwischen hoffnungsvoll und hoffnungslos fließend gemacht. Man kann sich zum Beispiel mit der Vermutung, „er hat nur mehr wenige Wochen zu leben“, wie zahllose Beispiele beweisen, vollständig irren. Ich kenne einige Patienten, denen man das gesagt hat, die heute noch leben. Es muß gerade hier auch die Möglichkeit in Rechnung gestellt werden, daß schon in allernächster Zeit wieder neue Mittel zur Verfügung stehen. Es ist ferner erfreulich, daß die Zahl derjenigen Patienten steigt, die dank der verbesserten Therapien und, so möchte ich vorsichtig hinzufügen, vielleicht auch dank verbesserter psychischer Widerstandskraft sogar mit Metastasierungen fertig werden, die früher als absolutes Signal der Hoffnungslosigkeit galten.

Die Frage, ob man die Diagnose mitteilen soll oder nicht, möchte ich mit einer Warnung abschließen: Es kann keine *generelle* Richtlinie für eines der heikelsten Probleme ärztlicher Verantwortung geben. Vielmehr wird man in jedem einzelnen Fall die persönliche Problematik (Stadium der Erkrankung, psychische Belastbarkeit des Patienten, Intensität der Beziehung zwischen Arzt und Patient) sorgfältig abschätzen müssen, um dann zu einer Entscheidung zu kommen. Nicht vergessen sollte dabei auch die Einstellung der nächsten Umgebung, besonders der Familienangehörigen, werden. (Die Familie neigt oft dazu, die Toleranzfähigkeit des Krebskranken zu unter-, die Ärzteschaft häufig dazu, sie zu überschätzen.) Auch mit der Familie muß man sich daher beschäftigen. Teilnahmslose Gleichgültigkeit ist dabei ebenso gefährlich wie übertriebene Besorgnis. Letztere erzeugt eine dauernde ängstliche Zuwendung zum Patienten (wie z. B. ständiges Fragen nach seinem Befinden, die diesen sehr wohl in zusätzliche Angst zu versetzen vermag).

Ich habe schon mehrmals Angehörige von Krebskranken behandelt, die die Nachricht vom Karzinom in ihrer Familie (z. B. bei der Gattin) in solche Angst und Depression versetzte, daß die Kranken ihrerseits aus deren Depressionen den Schluß zogen, ihre Krankheit sei unheilbar und hoffnungslos. Es erübrigt sich darauf hinzuweisen, daß ein solches Gefühl die Widerstandskraft des Patienten schwächt. Ich kenne Tragödien, wo der Patient weiß, daß er Krebs hat, die Angehörigen aber glauben, er wisse es nicht. Hier wird dann ein gegenseitiges „Schauspiel" der Verschleierung gespielt, welches als Drama bezeichnet werden muß und niemandem nützt. Daher gelten hier dieselben Gesetze, die bei der Informierung des Kranken selbst gültig sind: Wir müssen bis zu einem gewissen Grad auch für die Aufklärung der Angehörigen sorgen. Ida Cermak, eine meiner engsten Mitarbeiterinnen durch viele Jahre, hat in einer eindrucksvollen Studie („Ich klage nicht") nachgewiesen, wie sehr der Verlauf jeder Erkrankung auch vom Verhalten der nächsten Angehörigen abhängig ist: Ihre Zu- oder Abwendung entscheidet oft über Leben und Tod – das gilt natürlich ganz besonders für den Krebs.

Mit der somatischen Behandlung jedes Krebsfalles soll natürlich möglichst rasch begonnen werden, weil ja ihr Einsetzen das Aufkommen von Hoffnung fördert, und es ist zugleich klar, daß die psychische Betreuung parallel einsetzen soll und auch mit Ende der organischen Therapie nicht aufhören darf. Die seelische Auseinandersetzung mit der Erkrankung findet in drei Stadien statt.

1. Das erste könnte man als den Einbruch der Erkrankung in das gesunde Leben bezeichnen. Diese Periode erreicht in der Konfrontation mit der Diagnose ihren Höhepunkt.

2. Das Ringen um die psychische Stabilisierung. Daß die Diagnose zuerst Angst und Depression hervorruft, ist natürlich und muß (sofern es nicht zur Panik kommt) nicht negativ gedeutet werden. Psychische Reaktionen auf die Erkrankung, welcher Art auch immer, sind jedenfalls besser als Reaktionslosigkeit. Entscheidend ist nur, welchen Ausgang diese Auseinandersetzung nimmt.

3. Die schließlich (mehr oder minder) fixierte Dauereinstellung zur Erkrankung. Hier gibt es zwei extrem einander entgegengesetzte Resultate (und dazwischen natürlich viele Übergänge). Daß die günstige psychische Entwicklung gewöhnlich mit einem besseren Ausgang der Erkrankung korreliert ist, wird immer wieder bestätigt.

Bleibt es auf der einen Seite Aufgabe des Arztes, durch richtiges Verhalten bei der Vermittlung der Diagnose Panikreaktionen und durch fortgesetzte psychische Betreuung die Fixierung einer

Depression zu verhindern, so kann er einen entscheidenden Beitrag leisten zur erfolgreichen Krankheitsverarbeitung, wie sie in der nachstehenden Tabelle festgehalten ist:

Krankheitsverarbeitung (nach Baltrusch)

Im günstigen Fall	Im ungünstigen Fall
Eingliedern und Ernstnehmen der Krankheit	Verdrängen und Verleugnen der Krankheit
Bereitschaft zur emotionellen und affektiven Reaktion (vegetative Instabilität, neurotische Symptome)	Emotionelle Verkümmerung, keine neurotischen Symptome
Richtung der Aggressivität nach außen	Gehemmte Aggressivität
Fähigkeit, Angst und Spannung abzureagieren	Wendung der Aggression gegen die eigene Person
Hypomanische Einstellung (Geschäftigkeit), Optimismus	Depression, Pessimismus, Resignation
Bereitschaft zu kämpfen	Passives, nicht zielbezogenes Verhalten
Fähigkeit zur Kommunikation	Tendenz zur Isolation

Hinter vielen Fällen, die günstig verlaufen, steht die intensive somatische und psychische Betreuung durch einen Arzt, gestützt auf ein gutes Vertrauensverhältnis zwischen ihm und dem Patienten. Der Patient muß an den Arzt und seine Therapie glauben, nur so kann der Arzt seinen Patienten ermutigen, eine Tätigkeit, die keineswegs für Psychiater oder Psychotherapeuten reserviert ist. Jeder Facharzt oder praktische Arzt sollte in der Lage sein, seinem Patienten neuen Lebensmut zu geben, da die Zahl der vorhandenen Psychotherapeuten für eine solche umfassende Arbeit viel zu klein wäre. Die psychische Betreuung sollte soweit wie möglich von jenem Arzt durchgeführt werden, der den besten, den längsten Kontakt zum Patienten hat und damit auch sein größtes Vertrauen genießt. Wenn es sich dabei auch nicht um eine fachpsychotherapeutische Aufgabe handelt, die eine spezifische Ausbildung benötigt, so kann auf der anderen Seite doch nicht geleugnet werden, daß ein besseres Training (schon der Medizinstudenten) im Sinne der Ganzheitsmedizin in diesem Zusammenhang für die Zukunft mehr als wünschenswert wäre.

Es soll noch einmal auf die obige Tabelle eingegangen werden: Aus ihr geht auch hervor, daß eine bestimmte Angst im Zusammenhang mit dem Krebs durchaus nicht prognoseverschlechternd, sondern verbessernd wirkt. Schlimm ist jene Angst, die nach Art einer Kaninchen-Schlange-Reaktion zu Passivität und „Lähmung“ führt. Eine aktive ängstlich-hypochondrische Haltung verbessert hingegen die Prognose. Deshalb besteht Hoffnung, wenn man die Art des Kampfes der Patienten mit ihrer Erkrankung in Richtung der Aktivität lenkt. Wenn zuerst erreicht wird, daß der Patient seine Krankheit ernst nimmt, dann kann er emotional und affektiv reagieren. Denn die Unterdrückung von Emotionen, das Stillwerden, das Dulden, das Opfer-Sein, die wehrlose Hingabe und das Märtyrertum eröffnen eine denkbar schlechte Prognose.

Zu fördern ist beim Patienten der Ausdruck von Gefühl, von Angst, von Spannung, das Kommen mit Beschwerden, eigentlich alles, was den Patienten für den Arzt zu einem „unangenehmen Fall" werden läßt. Alles deutet darauf hin: Der für uns Ärzte „angenehme" Patient hat die schlechtere, der uns belastende Fall hat die bessere Prognose. Es scheint so zu sein, daß wir alles tun müssen, um die Belastung, unsere Belastung durch die Patienten zu fördern. Wir sollten zu dieser Auseinandersetzung, zu dieser „Agitation", die dann oft zum Ausdruck kommt, ermutigen und diese noch unterstützen. Voraussetzung dafür wird freilich eine grundsätzliche Änderung der Einstellung des Arztes zu seinem Patienten sein müssen. Der Arzt darf nicht länger jene Anmaßung und falsche Autorität ausüben, die Balint als verhängnisvolle „apostolische Funktion" bezeichnet hat, mit der er alles besser weiß, dem Patienten seinen Willen – als die einzige Chance zur Genesung – aufzwingt und damit individuelle Reaktionen des Kranken, insbesondere das Zeigen eines eigenen Willens, im Keime erstickt. Es ist bekannt, daß Ärzte diesen für sie bequemen Weg mit dem Hinweis rechtfertigen wollen, er sei auch für den Patienten der beste – die Wirklichkeit spricht aber immer deutlicher dafür, daß diese Annahme falsch ist.

Aus der Unzahl der somatopsychischen Probleme des Karzinomkranken sei noch ein Problem von größter Wichtigkeit herausgegriffen: Jede Krebserkrankung hat für den Träger einen doppelten Aspekt, einerseits ist das Leben bedroht, andererseits, je nach Lokalisation, ein bestimmtes Organ oder Organsystem, eine bestimmte körperliche Funktion. Damit ist jede Krebserkrankung für den Patienten mit der Gefahr einer körperlichen Verstümmelung (zum Beispiel künstlicher Darmausgang), einer Reduktion der körperlichen Möglichkeiten verbunden. Man kann feststellen, daß sich etwa beim Mammakarzinom Frauen nicht so sehr mit der Lebensbedrohung als mit der Tatsache beschäftigen, daß sie nun ein entscheidendes Attribut ihrer Weiblichkeit verloren haben.

Haben wir Ärzte uns bislang genügend mit dieser Problematik beschäftigt? Wenn wir ehrlich sein wollen, kann die Antwort nur Nein lauten. Wir waren aber aus unserer Sicht so überzeugt davon, daß wir mit der Amputation unser Möglichstes für die Erhaltung des Lebens getan haben, wofür die Patientin natürlich dankbar zu sein hat, so daß wir gar nicht auf den Gedanken kamen, sie könnte an der eingetretenen Verstümmelung leiden und schließlich auf ein solches Leben verzichten.

Daraus müssen für die Zukunft zwei Schlüsse gezogen werden:

1. Es hat bei noch so verbesserter Operationstechnik – die Eingriffe ermöglicht, welche früher undenkbar waren – nicht nur die Lebenserhaltung eine Indikation darzustellen, sondern es muß auch die Frage geprüft werden, ob für den Patienten nach der Operation das Leben noch lebenswert ist.

2. Der Arzt hat alle erdenklichen Schritte einzuleiten, um die körperlichen Defekte und die damit verbundenen seelischen Reaktionen auf ein Minimum zu reduzieren, wozu glücklicherweise immer bessere Möglichkeiten zur Verfügung stehen – wir müßten sie nur anwenden, zum Beispiel Rekonstruktion der fehlenden Brust.

Wenn in den letzten Jahren viele Krebskranke zu „Wunderheilern" aller Art abgewandert sind, wenn sie sich zu sehr sinnvollen Selbsthilfegruppen zusammengeschlossen haben, die manchmal einen antiärztlichen Affekt bekamen, so ist dies sicherlich sehr zu bedauern. Bevor wir Ärzte aber darüber Empörung zeigen, sollten wir uns kritisch fragen, welchen Beitrag wir durch unser falsches Verhalten dazu geleistet haben. Diese Selbstkritik könnte der Beginn eines neuen Weges sein, den wir im Status nascendi heute bereits beobachten können. Es besteht große Hoffnung für eine verbesserte Arzt-Patienten-Beziehung in der Zukunft, eine Hoffnung, die nicht zuletzt in eine verbesserte Prognose der Krebserkrankung münden könnte. Man darf diese Bemühungen unter das Motto stellen: Vom Überleben zum Leben.

Ich komme nun zu den psychosomatischen Fragen, welche die Krebserkrankung aufwirft. Nach einer vierjährigen psychotherapeutischen Arbeit mit einer Gruppe von Krebskranken zwischen 30 und 50 Jahren (sie liegt jetzt schon längere Zeit zurück), alle nach einer oder mehreren Operationen, manche auch mit Metastasen kämpfend, würde ich die Lehren, die ich aus dieser Tätigkeit gewonnen habe, wie folgt zusammenfassen:

Die Krebserkrankung entspricht oft einer inneren Notwendigkeit für die betroffene Person, auftretend in einem Moment, wo die Lebensgeschichte in eine scheinbar hoffnungslose Sackgasse geraten ist; mitunter könnte man sogar den Eindruck gewinnen, der Patient erzeugt sich unbewußt die Erkrankung selber, begeht somit indirekt Suizid (viele meiner Patienten glaubten dies, beschworen mich aber, es niemandem zu sagen, weil bei Bekanntwerden dieser ihrer These der Rest von Anteilnahme, den die Gesellschaft dem Krebskranken zu schenken bereit ist, zerstört würde). Freilich gibt es daneben wieder viele, viele Fälle, wo diese Theorie total versagt. Dennoch: Früher habe ich angesichts der psychoanalytischen Formulierung „Der Kranke erzeugt als Ersatz für den verlorenen Partner den Tumor, um damit zugleich dem Partner in den Tod folgen zu können“ gelächelt. Heute ist mir das Lächeln vergangen. Und ich verstehe Fritz Zorn, wenn er im „Mars“ über seine eigene Krebserkrankung (die später zum Tode führte) schreibt: „Es ergibt sich eine gewisse katastrophale Konsequenz, wenn ich meinen Lebenslauf verfolge: Die Neurose meiner Eltern begründet meine eigene Neurose; meine Neurose begründet meinen lebenslänglichen Kummer; mein Kummer begründet, daß ich an Krebs erkrankt bin, und der Krebs ist zuletzt der Grund für meinen Tod."

Diese meine eigenen Beobachtungen werden noch durch die folgenden Forschungsergebnisse anderer Autoren unterstützt:

Dem Ausbruch der Krebserkrankung geht oft (freilich keineswegs immer) ein negatives unglückliches Erleben, eine unglückliche Lebenssituation, vor allem im Bereich der interpersonalen Beziehungen, voraus. Die Formulierung des prominenten psychosomatischen Krebsforschers Le Shan, „der Verlust einer wesentlichen persönlichen Beziehung findet sich häufig in der unmittelbaren Vorgeschichte der Krebsdiagnose, jedenfalls öfter, als es bloß zufällig möglich wäre", ist von größter Bedeutung. Sie wird durch zahlreiche komplementäre Untersuchungsergebnisse anderer Forscher bestätigt. Bei Krebskranken wurde eine auffällige Tendenz zur Verdrängung und Verleugnung unangenehmer Fakten sowie eine mangelnde Fähigkeit, sich emotional abzureagieren, festgestellt.

Grossarth-Maticek vermochte in einer prädiktorischen Studie mit einer hohen Prozentzahl auszusagen, wer an Krebs erkranken werde, wobei er folgende psychosoziale Kriterien bestätigt fand:

vernunftorientiertes Verhalten, das im Gegensatz steht zur Zulassung von Gefühlen, Tendenz zur völligen Zurückstellung im Dienste eines harmonisierenden Verhaltens (Konfliktlösung auf eigene Kosten), Idealisierung der Mitmenschen, pausenlose Arbeit, Unfähigkeit, Konflikte aggressiv auszutragen, extreme Zurückstellung der Sexualität, Aufkommen von Hoffnungslosigkeit, Ignorieren von Krankheitssymptomen. Schließlich ist noch darauf hinzuweisen, daß nach übereinstimmender Befragung von Autoren aus verschiedensten Ländern und Kulturkreisen der Krebserkrankung oft ein Stadium vorausgeht, das durch Depression, Verzweiflung und Hoffnungslosigkeit gekennzeichnet ist. Dies war schon Autoren im 17. und 18. Jahrhundert bekannt, welche die Entstehung des Karzinoms mit gewaltigem Kummer und beängstigenden Gefühlen in Zusammenhang brachten.

Wir können uns erst jetzt in der Theorie den Anteil der Psyche an der Entstehung des Krebses besser vorstellen. Heute wird angenommen, daß in jedem Körper zu jeder Zeit Krebszellen entstehen, aber das intakte Immunsystem sorgt dafür, daß sie alsogleich zerstört werden und sich nicht zu Tumorzellnestern entwickeln können. Auch das Immunsystem aber untersteht nach neuesten Erkenntnissen – ich habe schon darauf hingewiesen – dem vegetativen Nervensystem. Auf diesem Wege könnten also negative, destruktive Gefühle das Immunsystem so schwächen, daß die Widerstandskraft nicht ausreicht, die Bildung der Krebsgeschwulst zu verhindern. Auf solchen Gedanken beruht auch die moderne Antikrebspsychotherapie von Le Shan und Simonton, die versucht, durch entsprechende Vorstellungen das Immunsystem so zu mobilisieren, daß Krebszellen erfolgreich bekämpft werden können.

Als Fazit all dieser Erfahrungen würde ich heute als Antwort auf die Frage: „Ist Krebs psychosomatisch?" am liebsten die Formulierung Strotzkas wählen: „Es könnte so sein" und hinzufügen: „Es wird immer wahrscheinlicher."

Ich möchte auch diesen Teil wieder mit einer Feststellung beschließen, die im gewissen Sinne der tragischen Rolle entspricht, die ich auf einigen Gebieten einzunehmen gezwungen bin. Ich muß nämlich den Mut aufbringen, unbequem zu sein und mich zum Sprecher der Kranken zu machen, die selber noch nicht die Kraft haben, ihre Rechte genügend zu vertreten. Und auch deswegen, weil zu viele andere, die auch berufen wären zu sprechen, beharrlich schweigen.

In dieser Funktion und als Begründer der Psychoonkologie in Österreich, auch als erster Präsident einer diesem Zwecke dienenden Gesellschaft, muß ich einmal mehr aufmüpfig werden, indem ich sage, daß die psychische Auseinandersetzung mit der Erkrankung beim Krankheitsverlauf eine entscheidende Rolle spielt und es daher nicht zu verantworten ist, den Krebskranken im psychischen Bereich unbetreut und somit, wie wir sagen, „verwahrlost“ seinem Schicksal zu überlassen. Alle zuständigen Stellen vom Gesundheitsministerium über die Ärztekammern bis hin zu jedem einzelnen Arzt sind aufgerufen, diesen Zustand schleunigst zu verbessern.

ad d) Psychosomatische Dekompensation

Diesen Begriff habe ich gemeinsam mit Hans Hoff geprägt, und ich will erklären, was wir darunter verstehen: Immer wieder werden alte Patienten in Krankenhäuser eingewiesen; sie kommen wegen verschiedener unklarer Beschwerden, aber im großen und ganzen noch in gutem körperlichem Zustand zur Aufnahme, verfallen dann zusehends, ohne daß die angestellten sorgfältigen Untersuchungen nennenswerte Befunde zutage fördern (kein Fieber, normale Senkung, normales Blutbild). Trotz intensiver Bemühungen, das Leben zu erhalten, tritt bald der Tod ein.

Ich möchte einen solchen Fall schildern: Es handelt sich um eine 70jährige ehemalige Krankenschwester, die wegen Ischialgiebeschwerden in der neurologischen Abteilung aufgenommen wird. Sie kommt noch gehend in die Klinik, macht einen relativ günstigen Eindruck, zeigt im organischen Bereich keine besonderen Auffälligkeiten. Psychisch findet sich eine senile Demenz mit Neigung zu nächtlichen Verwirrtheitszuständen. Nach der Aufnahme verläßt sie das Bett nicht mehr, verfällt zusehends, nimmt kaum mehr Nahrung zu sich, es gibt nur seltene sprachliche

Äußerungen, fortschreitendes Darniederliegen, schließlich Kreislaufstörungen. Befunde: Intern Verdacht auf Bronchopneumonie, Kollapsneigung, Blutdruck 120/80, Blutbild: normal, Harnbefund: o. B., Senkung 5/12. Trotz aller therapeutischen Maßnahmen (Herzstärkung, Kreislaufmittel, Infusionen, Antibiotika usw.) kommt es am fünften Tag zum Exitus. Obduktionsbefund: Bronchopneumonische Herde, leichte Herzerweiterung, alter Milzinfarkt, sonst kein auffälliger Befund. Aufschlußreich ist die Lebenssituation der Patientin: Sie lebte seit Jahren völlig allein, war nie verheiratet, ihre Freundinnen sind längst tot, vor zwei Jahren ist ihre um fünf Jahre jüngere Schwester gestorben. Auch in der Klinik hat niemand sie besucht.

Auch die Obduktion bleibt dann gewöhnlich – wie in diesem Falle – die wirkliche Erklärung für den tragischen Ausgang schuldig, sie zeigt nur relativ geringfügige organische Befunde. Um so eindrucksvoller ist die psychische Vorgeschichte und die Situation solcher Fälle. Alle Menschen, die wir selbst beobachtet haben, waren mehr oder weniger isoliert, sei es, daß sie tatsächlich vereinsamt dastanden und niemand sich um sie kümmerte, sei es, daß sie sich trotz vorhandener zwischenmenschlicher Beziehungen unverstanden und unnütz und ausgeschlossen vorkamen. Zum Leben hatten sie weder äußerlich noch innerlich eine wirkliche Beziehung; sie waren keiner Aufgabe mehr verbunden oder verpflichtet, jegliche

Hoffnung war geschwunden. Diese Situation hatte in allen diesen Fällen bereits längere Zeit bestanden.

Der Aufenthalt in der vertrauten häuslichen Umgebung ermöglichte noch eine gewisse Kompensation, die im Augenblick der Spitalsaufnahme verlorenging und durch eine Dekompensation, die sich psychosomatisch ausgewirkt hatte, abgelöst wurde. (Vergleiche III. Kapitel, Abschnitt A: Durch einen Spitalsaufenthalt kann auch eine zerebrale oder eine vaskulöse Dekompensation ausgelöst werden.)

Das Spital hat hier im psychischen Erlebnis den Stellenwert einer letzten Station, von der es kein Zurück gibt. Die Patienten fühlen sich dort endgültig aus dem Kreis der Lebenden ausgeschlossen, von aller Welt aufgegeben und geben sich dementsprechend auch selbst auf. D.h., es gibt in ihrer Vorstellung keine Zukunft mehr. Unsichtbar für die anderen, aber doch für sie sichtbar, scheint eine Tafel über dem Spital zu stehen: „Ihr, die ihr hier eintretet, laßt jede Hoffnung fahren", ein Zitat aus der „Göttlichen Komödie" von Dante. Diese hoffnungslose Reaktion muß insofern mitunter als paradox empfunden werden, als es den meisten dieser Patienten seit vielen Monaten, äußerlich gesehen, nicht so gut gegangen war wie im Spital, wo sie endlich wieder gepflegt und versorgt wurden. Innerlich aber bedeutet diese Verlegung eine Art Begrabenwerden bei lebendigem Leibe. („Der lebende Leichnam" im Sinne von

Tolstoi, wie einer dieser Patienten vorher geäußert hatte.) So kommt es eigentlich zu einer völligen Selbstaufgabe, die sich im somatischen Bereich in einer extremen Herabsetzung der Widerstandskraft, in einer anergischen Reaktion gegenüber Infektionen und oft in einem plötzlichen Herz- und Kreislaufversagen äußert.

In diesem Zusammenhang möchte ich unseren internistischen Papst Karl Fellinger zitieren, der in völliger physischer und psychischer Gesundheit bald seinen 90. Geburtstag feiern wird: Die gefährlichste Erkrankung des alten Menschen ist und bleibt die Vereinsamung.

Dieser Tod in Hoffnungslosigkeit und Isoliertheit, der das Endresultat der psychosomatischen Dekompensation ist, erinnert an den sogenannten „Woodo-Tod", dem Cannon nachgegangen ist. Hier spielt sich, nur bei viel jüngeren Menschen primitiver Rassen, wenn sie sich der Übertretung einer Tabuvorstellung schuldig machen, die mit dem Tod bedroht ist, etwas Ähnliches ab. Es kommt zu einer Art Kollapszustand, der innerhalb einiger weniger Tage zum Tode führt, ohne daß eigentlich die durchgeführte Obduktion durch Befunde gesicherte Todesursachen ergeben hätte. Auch der Woodo-Tod ist ein Tod in Ausgestoßenheit, Isoliertheit und Hoffnungslosigkeit, und diese drei Todesursachen lassen sich in einer Leiche nicht mehr feststellen! Zu Recht hat Jores gesagt, daß man in unserer Zeit wahrscheinlich nicht nach Afrika reisen muß, um derartiges zu erfahren. Natürlich wird dieser Zusammenbruch im letzten Moment kaum mehr zu verhindern sein, um so wesentlicher wäre es, rechtzeitig auf jene Menschen aufmerksam zu werden, die eine oft jahrelange Entwicklung nehmen, welche sie letztlich unweigerlich durch psychosomatische Dekompensation enden läßt.

Ich möchte noch hinzufügen, daß eine solche psychosomatische Dekompensation auch nach dem Tode eines geliebten Partners auftreten kann und selbstverständlich bei Abschiebung und Einweisung in ein Heim. (Siehe Kapitel III, Abschnitt D.)

An dieser Stelle möchte ich nun zum zweitenmal „Sibirien“ zitieren:

Die anderen,
die geben nach ein paar Wochen auf.
Treten ab.
Herzstillstand!
Lauter Herzstillstände!
Sie wollen nicht mehr.
Sie haben nichts zu tun.
Sie haben nur dazuliegen
und auf den Tod zu warten.
Und dann kommt er.
Wieder einer weniger
für die Pensionsversicherungsanstalt.
Was für eine Freude
für das gesamte Gemeinwohl!

Heute zwei innerhalb einer Stunde,
die Burschen von der Bestattung
gut gelaunt mit dem Blechsarg herein,
beide nackt aufeinander hineingeschmissen,
schwer sind sie ja nicht,
diese ausgemergelten Männchen,
und noch einmal gehen um einen zweiten Sarg,
das ist zu lästig,
und wieder ab durch die Mitte!
Das ist eine Totenfabrik,
Frau Schwiegertochter!
Eine Totenfabrik!

Hier zeigt es sich aber, daß ein gewisser Unterschied gegenüber der psychosomatischen Dekompensation im Spital gegeben ist. Während nämlich die psychosomatische Dekompensation im Spital so rasch eintritt, daß kaum Zeit bleibt, sie zu verhindern, dauert es im Altersheim mehrere Wochen, was bedeutet: sie ließe sich verhindern, wenn man sich dort bemühte, wieder Lebenslust zu entwickeln. Damit bin ich, wieder wie ganz von selbst, beim nächsten Abschnitt angelangt.

D. Das Problem der Altersheime

1,6 Millionen über 60jährige Menschen leben derzeit in Österreich, etwa 110.000 davon sind pflegebedürftig. In den nächsten vierzig Jahren erwarten Wissenschaftler ein Ansteigen der Zahl der Pflegebedürftigen auf 175.000 bis 230.000.

Bei der Altenpflege ticke eine demographische Zeitbombe, meinten Josef Kytir und Rainer Münz bei der Vorstellung ihrer Studie über „Alter und Pflege" im März 1992. Die folgende Tabelle soll Aufschluß geben einerseits über den Zuwachs der

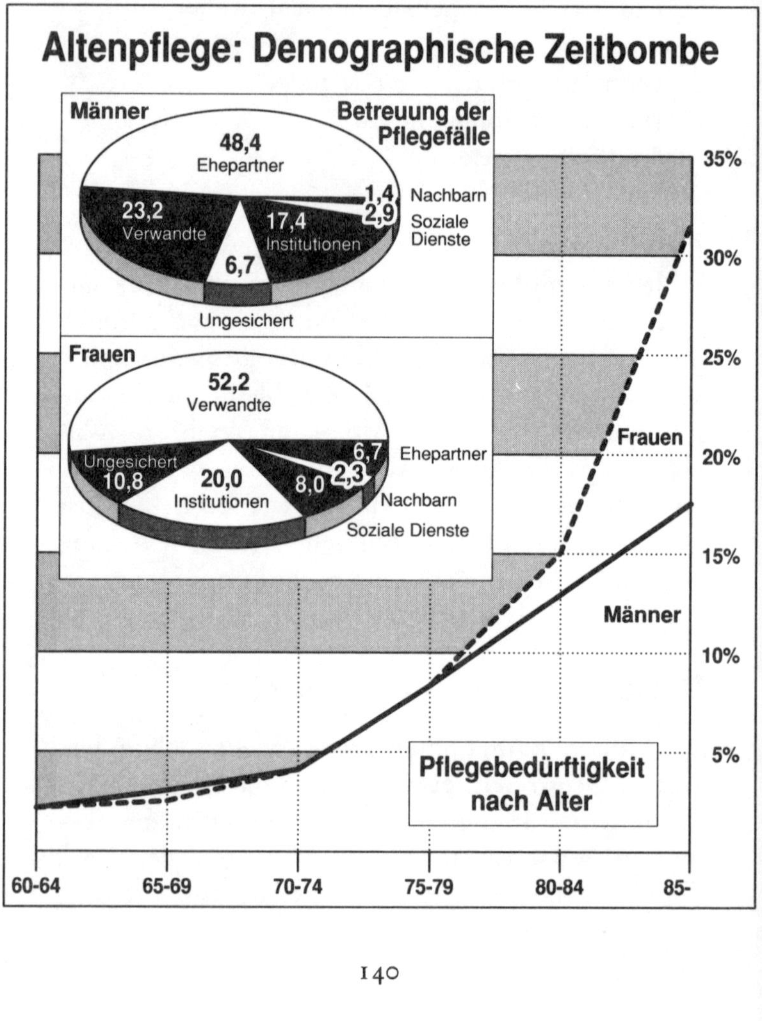

Pflegebedürftigen mit steigendem Alter und die Art, wie derzeit ihre Betreuung stattfindet.

Hier ergibt sich zuerst einmal eine interessante Feststellung. Man glaubt nämlich sehr oft, die Angehörigen hätten eine Tendenz, einen Pflegebedürftigen in ein Heim abzuschieben. Es zeigt sich aber in Wirklichkeit eine hohe Bereitschaft der Ehepartner und der Verwandten, die Pflege zu übernehmen. Nur 21.000 der pflegebedürftigen älteren Menschen leben in Heimen, die Mehrzahl, 88.000, in den eigenen vier Wänden!! Allein in Wien gibt es 60.000 Personen, die ein betagtes Familienmitglied zu Hause betreuen. 72 Prozent aller pflegebedürftigen Männer und 59 Prozent der Frauen werden primär von Ehepartnern, Kindern, Schwiegerkindern und anderen Verwandten betreut. Nur drei Prozent der männlichen und acht Prozent der weiblichen Pflegebedürftigen nehmen Sozialhilfe in Anspruch.

Wir sehen aus diesen Zahlen, daß „natürlich" der pflegebedürftige Mann sich in einer günstigeren Situation befindet als die pflegebedürftige Frau. Die Frau, der vom Wesen her das Betreuen, das Pflegen näherliegt als dem Mann, erweist sich auch hier als hilfsbereiter.

Ich möchte diese Gelegenheit wahrnehmen, um einen meiner Lieblingsgedanken wieder vorzutragen, nämlich den Wunsch, daß der Mann unserer Zeit seine weiblichen Anteile, die ja in jedem Menschen enthalten sind (Carl Gustav Jung hat sie Anima genannt), mehr kultivieren möge. Auch er soll lernen, Kinder körpernah zu pflegen. Und vielleicht wird dies ihn auch einmal befähigen können, sich gegenüber der kranken Frau als pflegefähig zu erweisen.

Ich erinnere mich in diesem Zusammenhang an meine Kindheit, die ich zusammen mit meinen Eltern und meiner mütterlichen Großmutter verbrachte, die mir unvergeßlich bleibt. Wenn die beiden Damen durch Krankheit ausfielen, kam unsere Familie sozusagen fast zum vollständigen Stillstand. Es gibt in meiner Erfahrung Hinweise darauf, daß die Zahl der Männer, die diese meine Bitte ernst nehmen, erfreulicherweise gerade jetzt im Zunehmen begriffen ist. Möge diese Entwicklung weiter andauern.

Es ist klar, daß die Pflege eines alten Menschen oft sehr mühsam ist. Die wichtigsten Fragen lauten: Kann er aufstehen? Kann er sich allein anziehen? Kann er auf die Toilette gehen? Daraus ergeben sich Probleme, die unter Umständen die Kraft eines einzigen Helfenden überschreiten. Des weiteren muß bedacht werden, daß der alte Mensch aufgrund seiner Lebenssituation oft eine Tendenz zu Verdruß und Gereiztheit besitzt, außer Zweifel ist der Umgang mit ihm nicht leicht.

Nun ist der Moment gekommen, um auf ein Buch näher einzugehen, das ich schon mehrmals erwähnt habe, den Monolog „Sibirien“ von Felix Mitterer. Ich möchte sagen, daß mir der Autor seit langem vertraut ist: Ich durfte z. B. in Linz anläßlich der Aufführung seines Dramas „Stigma“ dieses Werk eingehend mit dem Publikum in einer unvergeßlichen Veranstaltung besprechen. Mitterer steht mir deswegen so nahe, weil er in all seinen Werken ein Anwalt der Unterdrückten, der Gedemütigten, der Abgeschriebenen, der sogenannten Sonderlinge ist und bleibt. Sein Stück „Sibirien“ hat dank Claus Peymann ins Burgtheater Einzug gehalten, und mein Freund, Fritz Muliar, hat den Herrn Aigner gestaltet, so großartig, daß ich vermute, er werde für alle Zeiten in der Erinnerung vieler Menschen der Herr Aigner bleiben. Dieser ins Altersheim abgeschobene Mensch bringt Selbstkritik genug auf, um zu erkennen, daß der Umgang mit ihm schwierig ist.

Ich weiß, ich war ein lästiger Patron!
Nächtelang unterwegs,
in meinem Zimmer auf und ab.
Hab herumgeräumt, herumrumort,
Selbstgespräche geführt,
mit meinem Hund diskutiert
über Gott und die Welt.
Das ist lästig, ich weiß.
Ihr habt mich oft genug ermahnt.
Und manchmal war ich auch unleidlich,
ich gestehe es.
Ich hab dich kritisiert.
Ich hab deine Erziehungsmethoden kritisiert.
Ich hätte mich da nicht
einmischen sollen, ich weiß.

Ich gestehe alles
und entschuldige mich in aller Form!

Mit diesen Sätzen ist eine Fülle von Problemen angeschnitten, deren weiteres Durchkomponieren ich der Phantasie des Lesers überlassen möchte. Ich habe volles Verständnis für den Ärger, den schwierige Senioren ihren Angehörigen bereiten. Auf der anderen Seite aber möchte ich darum bitten, Verständnis für die Situation dieser Menschen zu haben und darauf so gut wie möglich mit Geduld zu reagieren. Auch hier scheint mir das Gespräch der beste Weg zu sein, eine Brücke zwischen jung und alt aufzubauen. Die Schwäche der Position des alten Menschen wird dem Leser klarwerden, wenn ich nun zitiere, wie Herr Aigner im Altersheim die jungen Menschen praktisch anbettelt:

Ein Vorschlag zur Güte.
Ihr nehmt mich wieder auf,
ihr nehmt mich wieder auf in meine Wohnung,
und ihr bekommt mein Sparbuch.
Ist noch genug drauf.
Kann man sich viel kaufen.
Selbstverständlich bekommt ihr auch wieder
meine Pension!
Und ich verspreche euch hoch und heilig,
ein braver, ruhiger, unauffälliger
Senior zu sein!

Ich frage, ist das nicht eine erschütternde Demutsgeste eines hilflos ausgelieferten Menschen, die aus diesen Worten spricht?

Ich komme in diesem Zusammenhang noch auf ein Sonderproblem zu sprechen, nämlich auf das Zusammenleben mit senil Dementen, also mit Trägern der Alzheimerschen Krankheit (siehe Kapitel III. Abschnitt A.).

Wie wichtig dieses ist, geht daraus hervor, daß es allein in Österreich etwa 70.000 Alzheimerkranke gibt, wobei hier sicher noch eine große Dunkelziffer hinzukommt, weil ja nur die dekompensierten Fälle auffällig werden.

Einer Broschüre der Schweizerischen Alzheimerschen Vereinigung entnehme ich folgende Ratschläge für die Pflege von Patienten mit dieser Erkrankung, die mir so gut erscheinen, daß ich sie hier weitergeben möchte:

„Das Zusammenleben mit einem Alzheimerkranken belastet die Angehörigen und Helfer in der Regel mehr als den Patienten. Der Patient ist, wie er ist. Seine Vergleiche mit seinem früheren intellektuellen und sozialen Leben verdämmern zusehends infolge seiner fehlenden Krankheitseinsicht. Er lebt den Tag, wie er kommt. Es ist ein glücklicher oder ein unglücklicher Tag. Um so mehr erleben seine nächsten Angehörigen den Unterschied zwischen früher und jetzt. Der Persönlichkeitszerfall des Vaters, der Mutter wird als Zerfall einer intakten Familie erlebt. Die Frau verliert ihren Mann, der Mann seine Frau als volle, ernstzunehmende Persönlichkeit. Gefühle der Trauer, des Versagens und der Schuld belasten den Umgang mit dem Kranken, und weil der Kranke seine emotionellen Sensoren in dem Maße entwickelt, in welchem seine intellektuellen Fertigkeiten verkümmern, fühlt er es.

Wichtig ist, daß Sie (die Angehörigen) über die Krankheit ausführlich informiert sind. Je mehr Sie darüber wissen, desto sicherer fühlen Sie sich im Umgang mit dem Patienten. Fragen Sie den Arzt, lesen Sie Bücher und Zeitschriften zum Thema, es kann ja immer wieder Neues in der Therapie geben. Akzeptieren Sie den Kranken so, wie er ist, denn er kann sich nicht ändern. Respektieren Sie die Gewohnheiten des Patienten und seinen gewohnten Tagesablauf. Sie erleichtern ihm den Alltag. Versuchen Sie zu verhindern, daß er untertags schläft, denn dies kann seine Nächte schwierig machen und leicht zu einer Dekompensation führen. Beziehen Sie den Kranken in Ihre täglichen Aufgaben und Pflichten mit ein. Lob gibt ihm das Gefühl der Zugehörigkeit und stützt sein Selbstwertgefühl. Versuchen Sie, auf fordernde Anhänglichkeit, auf Ängstlichkeit oder Lügen des Patienten gelassen zu reagieren. Unterhalten Sie sich mit dem Kranken auf einfache Weise. Muten Sie ihm in Ihrer Wortwahl nicht zuviel zu. Zeigen Sie ihm Ihre positiven Gefühle auch durch Gesten und Berührungen.

Seien Sie erfinderisch und gelassen im Umgang

mit dem Patienten, Sie allein finden die beste Lösung für ihn und auch sich selbst. Sprechen Sie mit anderen betroffenen Menschen. Der Erfahrungsaustausch gibt Ihnen Anregungen und stärkt Sie. Sie realisieren, daß Sie mit Ihrer schwierigen Situation nicht allein sind. Vor allem auch vergessen Sie nicht sich selbst. Gönnen Sie sich regelmäßig Erholung und Ausgleich, um immer wieder Kraft zu schöpfen. Sie haben ein Recht, Ihre eigenen Lebensinteressen wahrzunehmen, und Sie haben ein Recht, Entlastung und Hilfeleistungen öffentlicher Institutionen in Anspruch zu nehmen."

Diese Ratschläge stehen unter einem Motto, das ich nur voll unterschreiben kann: „Je weniger der Betreuer an der Krankheit leidet, desto weniger leidet der Patient."

Mit Nachdruck möchte ich darauf hinweisen, daß Österreich gerade in den letzten Monaten mit der Verabschiedung eines neuen Pflegegesetzes einen großen Schritt nach vorne getan hat. Der Pflegebedürftige hat nun gesetzlichen Anspruch auf Pflegegeld, und zwar je nach Schweregrad zwischen Schilling 2.500,– und Schilling 20.000,– pro Monat. Ohne Zögern möchte ich diese Maßnahme als ein Jahrhundertgesetz bezeichnen und vielen anderen Staaten empfehlen, es nachzuahmen. Ich habe mir sagen lassen, daß ein Redakteur des ORF auf die Frage, warum das Gesetz nicht im Fernsehen gefeiert werde, die Antwort bekommen habe: „Wir sind doch nicht dazu da, die Regierung zu loben!" Ich meine, daß der ORF auch dazu da ist, Stellung zu beziehen für oder gegen etwas.

Aber zurück zum Pflegegesetz: Es hat den Zweck, pflegebedürftigen Menschen die notwendige Hilfe und Betreuung zu sichern, damit sie, wie ich hinzufügen möchte, in ihren eigenen vier Wänden verweilen können. Hier gilt es gleichsam, jeden Zentimeter des eigenen Innenlebens zu verteidigen und nicht voreilig den Rückzug anzutreten. Darf ich in diesem Zusammenhang feststellen: Auch das beste Versorgungsheim wird dem alten Menschen nicht seine kostbare, ihm vertraute Wohnung ersetzen können. Hier muß ich wieder an die Begriffe der zerebralen Dekompensation, der vaskulösen Dekompensation und der psychosomatischen Dekompensation erinnern, die ich beschrieben habe und die alle, zumindest teilweise, im Anschluß an eine Unterbringung in anderer Umgebung, an Wohnungswechsel, an Spitalseinweisung, an Heimeinweisung auftreten.

Herr Aigner in „Sibirien" beschreibt dies so:

> Ich hab mich so gefreut!
> Endlich wieder daheim!
> Endlich wieder in meinem Zimmer!
> Endlich wieder bei meinem Hund!
> Und was passiert?
> Und was passiert?
> In einer Nacht- und Nebelaktion,

ich wiederhole,
in einer Nacht- und Nebelaktion
werde ich in dieses Heim deportiert!

An dieser Stelle erscheint es mir aber wichtig, daran zu erinnern, daß es eben auch im Alter eine Welt der Glücklichen und eine Welt der Unglücklichen gibt. Und daß es eine Pflicht der Glücklichen ist, sich ganz besonders um die Unglücklichen zu kümmern.

Es gibt alte Menschen in einem relativ guten körperlichen Zustand, die noch Angehörige haben, die auch über Geld verfügen: Oft haben sie den Wunsch, im Alter in ein Heim zu gehen. Dieses suchen sie sich vorsichtig aus, studieren genau die Bedingungen, können sich wahrscheinlich auch noch individuell einiges verbessern und besiedeln dann dieses Heim, wo sie einen schönen Lebensabend verbringen, der ihnen von Herzen gegönnt sei. Ganz anders aber sieht die Situation eines Menschen aus, der z. B. sein Bett nicht mehr verlassen kann, keine Angehörigen hat und nicht über Geld verfügt. Er wird in ein Pflegeheim eingewiesen. Er erlebt dies als Zwang, hat keine Wahl und ist gleichsam den dort gegebenen Bedingungen wehrlos ausgeliefert. Das ist ein unbeschreiblich tragischer Tatbestand, und ich versuche, die Phantasie jedes Lesers zu aktivieren, um sich in eine solche Situation hineinzudenken.
Dazu wieder Herr Aigner in „Sibirien“:

Ihr versteht alle überhaupt nichts!
Sonst hättet ihr mich nicht hierhergebracht.
Sonst hättet ihr mich nicht deportiert!
Jawohl, deportiert!
Meine zweite Deportation.
Meine zweite Deportation in diesem Leben.
Die erste nach Sibirien!
Als Kriegsgefangener.
Die zweite in dieses Heim!
Auch ein Sibirien!

Was heißt, ich übertreibe?
Sag nicht, daß ich übertreibe!
Du kennst das eine Sibirien nicht,
und das andere auch nicht!
Kalt war es dort, kalt ist es hier!
Dort durfte ich lernen.
Dort durfte ich wenigstens lernen!
Schach und Russisch!
Schach und Russisch!
Schat tebe, drug moj!
Hier darf man nichts lernen.
Absolut nichts!
Hinlegen und sterben!
So lautet der Befehl.

Wir kommen damit zu einer Schicksalsfrage für die vielen Menschen, die in ein Heim kommen müssen, ohne es sich aussuchen zu können: Welches Los erwartet sie dort? Ich habe diesbezüglich viel gelernt, bei einem sogenannten „Brunnengespräch", das über Probleme alter Menschen im Tabakmuseum abgehalten wurde. Meine Zuhörer beiderlei Geschlechts waren Menschen, die aus den verschiedensten Orten mit Autobussen hergeführt worden waren, alles Altersheiminsassen. Als ich in meinem einleitenden Referat die Altersheime einer herben Kritik unterzog, stimmte etwa die Hälfte des Publikums intensiv zu, während die andere Hälfte ebenso leidenschaftlich protestierte und ihre absolute Zufriedenheit mit „ihren" Heimen zum Ausdruck brachte. Seither hüte ich mich vor jeder Einseitigkeit und weiß: Es gibt eben, wie auch sonst in der Welt, solche und solche Heime. Aber nur in einem Punkt, so hoffe ich, sind wir uns alle einig: Wie niedrig auch die Zahl schlechter Altersheime sein möge, jedes einzelne solcher Heime ist um eines zuviel. Man muß nur das notwendige Maß an Phantasie haben, um sich vorzustellen, welches Martyrium die Insassen einer solchen Institution mitmachen müssen, um mit allem Nachdruck zu verlangen, daß „solche Zustände" ehebaldigst aufhören müssen.

Felix Mitterer hat nun, wie in vielen anderen Bereichen, auch hier die nötige Phantasie gehabt – es ist geradezu unfaßbar, wie er sich in diese Welt so einleben konnte –, um jene Situationen zu beschreiben, die leider noch immer da und dort der Realität entsprechen. Im folgenden werde ich die Charakteristika solch eines schlechten Heimes mit Zitaten aus „Sibirien" beschreiben: Aus diesen Negativa ergeben sich dann von selbst die Kriterien eines Altersheimes, in dem ein lebenswertes

Dasein und nicht nur ein bloßes Vegetieren möglich ist.

1. und vielleicht wichtigster Punkt:
die Einstellung des Pflegepersonals den Patienten gegenüber

Es ist wohl nur Gleichgültigkeit.
Gleichgültigkeit.
Das schlimmste aller Gefühle.
Nein, kein Gefühl.
Der absolute Mangel an Gefühl.
Gefühlskälte.
Kälte.
Tausendmal kälter
als die klirrende Kälte Sibiriens.
Kommt hinzu:
Der Gleichgültige sieht im Aufbegehren
eine Belästigung.

...

Und hier behandelt man mich
wie ein störrisches Kind!
Das lass' ich mir nicht gefallen!

...

Die Heiminsassen werden
vernachlässigt,
narkotisiert,
verspottet
und geschlagen!
Ans Bett geschnallt!

Ins Gitterbett gesperrt!
Der Menschenwürde beraubt!
Akuter Personalmangel!
Daraus resultierend mangelnde Pflege!
Wir bekommen alle die Pest!
Eine Wolke von Gestank
über dem ganzen Heim!
Pestgestank!
Leichengestank!
Gruftgestank!
Kommen Sie her
und überzeugen Sie sich selbst,
Herr Bundespräsident!
Das ist ein SOS-Ruf!

In dieser Darstellung kommt die Entmündigungstendenz gegenüber dem Heiminsassen ans Tageslicht. Er ist kein ernstzunehmender Partner mehr, über ihn wird verfügt. Sein eigener Wille gilt nichts mehr. Er hat zu gehorchen.

2. Art der Pflege

Pflege!
Was für eine Pflege?
Was für eine Pflege denn?
Es gibt doch keine Pflege!
Abfütterung!
Abtopfung!
Abwaschung!
Das ist die Pflege!

Daraus ergibt sich: Mit der bloßen seelenlosen unpersönlichen „Versorgung“ ist es nicht getan. Sie fördert nur die Regression in eine kindhafte Existenz, die als Vorstufe der totalen Regression bezeichnet werden muß, nämlich der Rückkehr in den Mutterleib, in die „Rücknahme der Existenz“, also in den Tod. Ganz besonders in diesem Punkt muß auf die gefährliche Situation jener Heiminsassen aufmerksam gemacht werden, die das Bett nicht mehr verlassen können, also Pflegefälle im höchsten Ausmaß des Worts sind. Das Im-Bett-Liegen erinnert uns unweigerlich an unsere Kindheit und ist damit schon eine einzige Verführung zur Regression; um so wichtiger erscheint es, sich diesen Patienten, so schwierig sie oft sind, besonders zuzuwenden.

3. Ernährung

Opa, brav aufessen, sonst gibt es kein Kompott!
Was brauch ich ein Kompott?
Das Essen ist ein Fraß!
Nicht einmal meinem Hund
würde ich so einen Fraß vorsetzen!
Lauwarmes, zerkochtes Zeug!
Undefinierbar!
Ohne Geschmack!
Altersdiät!
Altersdiät nennen sie das!
Ich brauche was Fettes!
Mein Lebtag hab ich fett gegessen!

Und nie hat mir was gefehlt!
Nie war ich krank!
Ops, brav aufessen, sonst gibt es kein Kompott!
Was brauch ich ein Kompott?

Ein weiterer Schritt in die Entpersönlichung, in die kindhafte Existenz: Gegessen wird, was auf den Tisch kommt, und aufgegessen muß es werden, sonst gibt es Strafe. Die Reduktion auf die primitivsten Körperbedürfnisse: Nahrung und Stuhlgang. An dieser Stelle möchte ich ein Gedicht von Stella Rotenberg zitieren:

Im Altersheim

Selbst der Schmerz wird trivial,
und ich verleg' mich aufs Vergessen,
ich lebe von Mittagsmahl zu Abendmahl,
und wichtig ist mir nur mehr noch das Essen.

Ich schick' Erinnerung und Schmerz voraus,
ins Grab,
da halten sie mir Haus,
indessen ich hier bei Hirsebrei und Bauernschmaus
fröne dem Vergessen, dem Vergessen.

Das Altersheim als Vorzimmer des Grabes. Es kann kein Zufall sein, daß in bestimmten Heimen mehr als ein Viertel aller Eingewiesenen im Verlaufe der ersten vier Wochen sterben, oft Menschen, die noch in einem relativ guten körperlichen Zustand ins Heim gekommen sind. Dies ist sicherlich eine Folge der schon beschriebenen psychosomatischen Dekompensation, und man kann vielleicht sagen: Je besser das Heim, desto seltener tritt sie in Erscheinung.

Zu dieser psychosomatischen Dekompensation in den Altersheimen muß noch einmal daran erinnert werden, daß sie vor allem in Orten auftritt, die als Endstation erlebt werden. Das Gefühl, hier komme ich nie mehr heraus, führt dann direkt zum Tod. Deshalb muß ich fragen: Ist es sinnvoll, zwischen Behandlungs- und Pflegefällen zu unterscheiden? Diese Differenzierung führt erstens zu einem Nachlassen der Motivation beim Pflegepersonal (da ist sowieso nichts mehr zu machen), und zweitens glauben die als Pflegefälle Bezeichneten ganz genau zu wissen, daß bei ihnen keine Hoffnung mehr besteht und sie abgeschrieben sind. Der Pflegefall wird asyliert, er hat keinen Anspruch mehr auf Sozialversicherung, kann daher gewöhnlich seine Wohnung nicht mehr bezahlen, oft verliert er sie sogar automatisch durch Einlieferung ins Pflegeheim. Das kann in seiner Erlebniswelt nichts anderes bedeuten als: Für mich gibt es kein Zurück.

Aus all diesen Gründen müssen die Bemühungen, auch Pflegefälle zu rehabilitieren, intensiviert werden. Das Ziel soll sein, Patienten zu befähigen, wieder nach Hause gehen zu können. Ich weiß, daß der Kreis derjenigen, bei denen dies gelingen kann, relativ klein ist, und doch könnte allein schon die Einleitung solcher Versuche der Rehabilitierung vielen Patienten das Gefühl geben, nicht in einer Gruft zu sein.

Im Jahre 1982 hat Helmut A. Niederle ein alarmierendes Buch unter dem Titel „Lainz, ein Platz zum Sterben“ geschrieben, in dem folgender Passus vorkommt: „‚Kennt ihr den Witz vom Kasperl, der nach Lainz kommt?‘ fragt uns Walter in der Teeküche. Wir schütteln den Kopf. ‚Also, der Kasperl kommt nach Lainz, die Leute sitzen vor dem geschlossenen Vorhang: Seid ihr alle da? Ja, ja, rufen die Patienten. Aber nicht mehr lange, antwortet der Kasperl.‘“

4. Apropos Stuhlgang

Eine der wichtigsten Würden, die sich der alte Mensch so lange als möglich zu wahren bemüht, ist das Sauberbleiben. Es ist ein auffälliger und tragischer Tatbestand, daß viele alte Patienten eine eventuelle Inkontinenz verschweigen, solange es irgend nützlich ist: Sie schämen sich und halten sie für ein persönliches Versagen.

Ich hab um die Leibschüssel verlangt.
Keine Zeit, keine Zeit,
beherrsch dich gefälligst!
Wenn ich muß, muß ich!
Also hab ich ins Bett gemacht.
Und sie haben mich stundenlang
in meinem Dreck verkommen lassen!

Bist du schon angeschissen,
dann scheiß weiter!
Hab ich sie natürlich beschimpft,
hab ihnen mit dem Chefarzt gedroht.

Eine ähnliche Szene, diesmal aus der Wirklichkeit. (Wiederum aus dem Buch „Lainz, ein Platz zum Sterben"): „Patient N. hat sich wieder angemacht. Mit seinen Händen hat er den Kot im ganzen Bett verteilt, ins und durchs Gitter gerieben. Selbst am Nachttischchen hängen Kotstücke wie Eiszapfen im Handtuchhalter. ‚Hast di scho wieder angmacht?' fragt der Pfleger den Patienten. ‚Na, na', antwortet dieser. ‚Na freili hast di scho wieder angschissen.' ‚Hau mi, hau mir in die Goschn', antwortet der Patient. ‚Hau di selber, ich hau ka Drecksau.' Der erregte Patient N. schlägt sich die kotigen Hände ins Gesicht und verschmiert die Scheiße in den spärlichen Haaren."

Aus diesen Szenen kann man einiges lernen. Natürlich ist es kein Vergnügen, einen Menschen, der sich verunreinigt hat, zu säubern, und doch kann es bei einer guten Beziehung des Personals zum Patienten so geschehen, daß die Würde des Patienten gewahrt bleibt, er ermutigt wird, „das nächstemal kann es schon besser gehen". Wir sehen aber auch aus diesen Szenen, wie der Betroffene selbst unter seiner Unsauberkeit leidet: Dies geht so weit, daß er vom Pfleger zur Bestrafung geschlagen werden will. Bei dieser Gelegenheit darf nicht vergessen werden, daß es fortgeschrittene Fälle von seniler Demenz gibt, bei denen Harn- und Stuhlinkontinenz praktisch täglich auftritt (Regression in die Babyzeit). Wer wollte bezweifeln, daß solche Patienten die Pflegepersonen oft vor fast unüberwindbare Schwierigkeiten stellen.

5. Die Zeiteinteilung

Herr Aigner in „Sibirien" beklagt sich:

> Abendessen siebzehn Uhr, Bettruhe zwanzig Uhr! Kannst du dir das vorstellen?

Die seltsame Verschiebung des Tagesablaufes ist aber nicht das größte aller Übel. Dieses lautet vielmehr: Man bleibt sich selber überlassen, die Zeit vergeht nicht, man verdöst sie, man verschläft sie, es herrscht kein Leben im Heim. Man müßte erfinderisch sein, um den Insassen eine Beschäftigung zu geben. Bücher zum Lesen müßten zur Verfügung stehen, kulturelle und unterhaltende Veranstaltungen stattfinden, Abwechslung, um Neugier und Interessen wachzuhalten. Ja, bei den Glücklichen, Wohlhabenden, da geht es! Ich werde nie das Stück „Mich hätten sie sehen sollen" mit Fred Liewehr, Alexander Trojan, Alma Seidler und Gusti Wolf vergessen. Es spielt in einem Altersheim für Künstler, und sie fassen den Beschluß, die Operette „Viktoria und ihr Husar" von Abraham aufzuführen, um sich selber eine Freude zu machen und Langeweile zu bekämpfen. Wie wunderbar haben sich dabei die großen alten Burgschauspieler persifliert, und der unvergessene Paul Hörbiger sang zur Melodie von „Reich mir zum Abschied noch einmal die Hände“ das folgende Couplet so, daß es allen, die es hören durften, unvergeßlich geblieben ist:

Die Leute glauben immer,
es ist unsere Zeit schon vorbei, vorbei, vorbei,
wir sind zwar von gestern,
aber trotzdem auch noch heute dabei, dabei, dabei.
An uns haben doch so viele Menschen geglaubt,
ist es erlaubt, daß man verstaubt?
Ja, wir sind alle grad nicht mehr ganz neu,
aber trotzdem so eisern und gerne dabei.

Gerade die letzten Zeilen könnte man als einen Wahlspruch bezeichnen, den sich jeder alte Mensch zu eigen machen sollte.

6. Die Unterbringung

Befragungen in Altersheimen haben einen großen Unterschied in der Gestimmtheit zwischen den Bewohnern von Einzelzimmern und den Insassen, die in Mehrbettzimmern oder in Sälen untergebracht waren, festgestellt. Während bei den ersteren eine ausgeglichene, zufriedene Heiterkeit vorherrschte, fand sich bei den letzteren eine mürrisch-reizbare Stimmungslage. Hier kommt nun noch etwas dazu, was in „Sibirien" so ausgedrückt wird:

Es ist erschreckend.
Lauter Spiegelbilder.
Jeder spiegelt sich in den anderen.
Und niemand erkennt sich.
Das ist das Schlimmste.

Nur alte Menschen.
Nur alte Menschen.
Ein Getto.
Das kann nicht gutgehen.
Auch wenn ich mich manchmal geärgert hab,
über die Kinder, über euch beide,
ihr seid sehr wichtig für mich gewesen.
Junge Leute.
Junge Menschen.
Ich hab immer gern junge Leute
um mich gehabt.
Hier sind nur alte Leute.

Ich erinnere mich in diesem Zusammenhang an die lange Zeit, während der ich für die Lebensmüdenfürsorge der Caritas arbeitete. Damals versuchten wir in der Nachbetreuung von Selbstmordversuchen Gruppen aufzubauen, in denen sich Menschen trafen, die von einem gemeinsamen Problem betroffen waren. Alle diese Gruppen funktionierten gut, nur bei einer erlitten wir Schiffbruch. Die Gruppe der Alten funktionierte nicht, vor allem, wie wir feststellen mußten, weil in diesem Fall sich gleich und gleich nicht gerne gesellt. Dies führt hinüber zum nächsten Problem.

7. Besuch

Der alte Mensch wartet im allgemeinen so sehr auf Besuch wie der Hungernde auf ein Stück Brot. Die Angehörigen sind damit zum Kommen aufgefordert, so oft als möglich. In Zagreb ging vor Jahren ein alter Mann mit einem Plakat spazieren, auf dem zu lesen stand: „Besucht Griechenland, besucht die Adria, aber – besucht auch mich!"
Herr Aigner leidet ebenfalls unter diesem Problem:

Ich bin ein verzweifelter Mensch,
ich bitte um Verständnis,
sag ihm das!
Er soll gefälligst hier erscheinen,
sag ihm das!

Was heißt, er hat viel zu tun?
Er muß doch zehn Minuten Zeit finden,
seinen Vater zu besuchen!
Ich hab ihn gezeugt!
Ich hab ihn geschaffen!
Ich hab ihn aufgezogen!
Bin ich ein Verbrecher?
Hab ich die Pest?

Auch diese Szene ist leider der oft bestehenden Wirklichkeit nachkomponiert, denn viel zu oft können Menschen nicht einmal die kurze Zeit in ihrem Tagesplan entbehren, die zum Besuch ihres Angehörigen im Altersheim nötig wäre.

Es hat sich wiederholt gezeigt, daß alte Menschen unglücklich sind, wenn eine Trennung von Menschen besteht, an denen sie hängen. Man sollte daher, wenn man schon in einem Heim sein muß, in einem Unterkunft gefunden haben, das für die Angehörigen relativ rasch und gut erreichbar ist. Davon abgesehen, meine ich, daß es Aufgabe der Gesellschaft wäre, sich um Menschen zu kümmern, die so vereinsamt sind, daß sie mit keinem Besuch rechnen können.

Ich erinnere mich in diesem Zusammenhang an eine Aktion, die von der medizinischen Fakultät der Universität Graz ausgegangen ist und in Wien Nachahmung fand, die unter dem Titel stand: „Studenten – und zwar aller Fakultäten – betreuen Schwerstkranke." Sie haben nichts anderes zu tun, als zu kommen und am Bett des Patienten zu sitzen, seine Hand zu halten und ihm kleine Gefälligkeiten zu erweisen. Natürlich haben wir vor allem Kranke ausgesucht, die vereinsamt waren. Noch im Rückblick haben die betreffenden Patienten gesagt, daß diese Betreuung das Schönste war, was sie während ihres Krankenstandes erlebt haben.

8. Zur Entmündigung im Altenheim

gehört leider auch oft, daß der Insasse (ein schreckliches Wort) nicht mehr über *sein Geld* verfügen kann, eine besonders schmerzlich erlebte Entrechtung, welche verständlicherweise den Lebensüberdruß enorm fördert.

Herr Aigner in „Sibirien“:

Dieses kleine Büchlein, Frau Schwiegertochter,
dieses kleine Büchlein
ist meine Lebensversicherung!
Und solange mir das Losungswort nicht einfällt,
eine Gratislebensversicherung!
Verstehst du?
Übrigens,
ich wollte euch das Sparbuch schenken.
Dann diese Nacht- und Nebelaktion.

. . .

Der Familienverband
hat mich nicht mehr aufgenommen.
Der Familienverband wollte mich nicht mehr
in die Familie einbinden.
Und so habt ihr
das schöne Geld verloren!
Aber nicht nur das,
nicht nur das Sparbuch,
wo ganz ein schöner Batzen Geld drauf ist, nein,
auch meine Pension habt ihr verloren.
Meine Pension, die ich euch zum Großteil
zur Verfügung gestellt habe,
wenn du dich erinnerst.
Für Kost und Logis.

Für mich und meinen Hund.
Nicht wahr?
Ich hab ja nichts gratis von euch verlangt.
Ich hab ja für alles bezahlt!
Jetzt kassiert das Heim meine Pension.
Bis auf den letzten Groschen.
War das klug von euch?
War das klug vom Familienverband?
Antworte mir!
Du willst mir nicht antworten?
Auch gut.
Keine Antwort ist auch eine Antwort.
Ist mein Zimmer schon belegt?

Natürlich!
Ich hab's gewußt!
Das war wohl der Hauptgrund
für meine Deportation, nicht?
Jetzt haben beide ein eigenes Zimmer.
Das Alter muß der Jugend weichen.

Hier sieht man, das Heim kassiert die ganze Pension, und auf der anderen Seite versucht jeder Heimbewohner, sich durch Geld ein kleines Stückchen Freiheit zu bewahren. Denn, da alle Welt käuflich ist, kann man sich auch damit im schlechtesten Heim gewisse Vorteile verschaffen, wie übrigens ebenfalls in „Sibirien“ sehr drastisch dargestellt wird.

9. Mein letzter Punkt

Der sich im Vollbesitz seiner Rechte befindende Mensch hat die Möglichkeit, bei irgendeiner Stelle zu protestieren, Abstellung gewisser Mißzustände zu verlangen. Wie sieht dies im Heim von Herrn Aigner aus:

> Nein, bitte red nicht mit dem Chefarzt,
> sonst unterstellen sie mir Querulanz.
> Die Schwestern würden sich bitter rächen.
> Da muß schon ein Höherer kommen.

Diese Szene ist besonders meisterhaft nachempfunden: In der ersten Zeit, da ich die psychosomatische Abteilung führte, habe auch ich auf Beschwerden von Patienten oder deren Angehörigen falsch reagiert. Ich habe mit Schwestern und Pflegern geschimpft, und die ganze Zeche haben dann erst recht die Beschwerdeführer bezahlen müssen, an denen sich das Pflegepersonal rächte. Später habe ich es ganz anders gemacht, lange Gespräche mit den Angeschuldigten geführt, und zwar in liebevoller Form. Dabei habe ich gewöhnlich Einsicht und ein besseres Verhalten und Verhältnis des Betreffenden gegenüber dem Patienten erreicht.

Ich nähere mich dem Abschluß dieses Abschnittes und möchte dabei zuerst einmal feststellen, daß es sehr darauf ankommt, von wem und wie ein Altersheim geführt wird. Zwischen Direktor (oder welchen Titel er auch immer führen mag), Ärzten, Pflegepersonal und allen Angestellten (denn auch die Frau, welche die Zimmer saubermacht, ist wichtig!) müßte das entstehen, was ich eine „therapeutische Gemeinschaft" nenne. Sie beinhaltet Aufgabe jedes Standesdünkels, Bereitschaft, aufeinander einzugehen, gegenseitigen Respekt, gemeinsame Besprechung von Problemen, Verständnis für die schwierige Situation ganz besonders der Pflegefälle. Es ist sicherlich eine der mühsamsten Aufgaben, alte, kranke Menschen so zu betreuen, daß sie sich wenigstens noch ein bißchen übers Leben freuen können. Dazu kommt noch die Tatsache, daß es oft auch trotz intensiver Bemühungen nicht gelingen wird, solche Patienten am Leben zu erhalten. Die Reaktion der Schwestern auf diese Tatsache hat Mitterer so beschrieben:

Die Wachen besaufen sich.
Ständig.
Weil sie unseren Anblick
nicht ertragen können.
Weil jeder von uns
ihren eigenen Tod verkörpert.
Sie tun mir manchmal wirklich leid.
Sie können nichts dafür.

Mit diesen Sätzen hat er echtes, großes Verständnis für die extrem schwierige Situation der Pfleger und Pflegerinnen bewiesen und gezeigt, daß man Einfühlung für alle Beteiligten aufbringen muß.

Nun möchte ich auf das von mir bereits erwähnte Buch von H. A. Niederle „Lainz, ein Platz zum Sterben“ zurückkommen, das ein Nachwort von mir enthält, in dem ich ausgeführt habe: „Es ist außer Zweifel so, daß bestimmte Aufgaben, über Jahre und Jahre geleistet, wahrscheinlich einfach die psychische Tragfähigkeit eines Menschen, und sei er noch so gesund, und sei er noch so intakt, übersteigen. Ich glaube, daß eine solche Situation in einem Altersheim gegeben ist, und könnte mir daher vorstellen, daß man sich Gedanken macht, einer solchen Pflegeperson die Möglichkeit zu geben, von Zeit zu Zeit auch andere Dinge (auch eine andere Tätigkeit) zu erleben, damit ihre Existenz nicht so einseitig ausgerichtet und damit unerträglich belastet ist. Niemandem ist damit gedient, wenn eine Schwester selber verzweifelt und resigniert. Denn eine solche resignierende Schwester wird eben eine wirkliche pflegerische Kraft, eine Hoffnung, ein Leuchten nicht ausstrahlen können!“

Ich forderte damals schließlich eine bessere psychische Betreuung der Pfleger und Schwestern durch Selbsterfahrungsgruppen, in denen sie ihre Nöte und Sorgen herausschreien und verarbeiten könnten, und schloß mit den Worten: „Wenn die Schwestern (und übrigens auch wir Ärzte) weiter Stiefkinder der Psychohygiene bleiben, dann wird eine Stunde kommen, wo eine Station nicht mehr gut sein kann, wenn die Schwestern an den Rand ihrer Möglichkeiten und ihrer Belastbarkeit kommen!"

Dieser Satz sollte sich tragischerweise als prophetisch erweisen, denn was einige Jahre später in Lainz passierte (die Ermordung von alten Patienten durch Schwestern), ist heute allgemein bekannt. Sicherlich gibt es für ein solches Verhalten keine wie immer geartete Entschuldigung, aber ich behaupte, daß dies verhinderbar gewesen wäre, wären die Maßnahmen zur seelischen Betreuung des Pflegepersonals nicht erst nach dem schrecklichen Ereignis aufgenommen worden.

Zusammenfassend möchte ich sagen: Wir müssen verlangen, daß solche Altersheime, wie hier beschrieben, möglichst rasch der Vergangenheit angehören. Da es offensichtlich noch viele Menschen gibt, die meinen, Ihnen könne dieses Schicksal nicht widerfahren, kann es noch immer eine Vielzahl solcher Heime geben. Aber eine Voraussetzung dafür wird sein, daß man auch für die Not des gesamten Personals Verständnis aufbringt, somit nicht nur anklagt, sondern sich bemüht, seine Situation so zu verbessern, daß es sich der unendlich schwierigen Aufgabe gewachsen erweisen kann.

In Feldkirch habe ich einen wunderbaren Freund, den Vizebürgermeister und Stadtrat für Soziales, Günter Lampert, gefunden. Er hat ein Konzept für die Altenbetreuung in seiner Stadt entworfen, das ich als vorbildlich ansehe. Ich will daher seine Grundzüge hier wiedergeben, nicht zuletzt deshalb, weil ich mit etwas Positivem, Zukunftsweisendem abschließen möchte.

Präambel

Daß sich breite Bevölkerungsschichten eines hohen Alters erfreuen können, ist eine relativ junge Entwicklung. Es ist heute nicht mehr außergewöhnlich, wenn Menschen nach dem Austritt aus dem Erwerbsleben einer Lebensphase von weiteren 25 und mehr Jahren entgegenblicken können. Die Periode des Alters ist ebenso lang geworden wie die Phase der Jugend oder der Kindererziehung. Viele ältere Menschen wenden sich neuen Aufgaben zu, gestalten „das dritte Alter" bewußt und individuell und entwickeln eine neue Identität, die nach ihrem Platz in der Gemeinschaft verlangt.

Die älteren Menschen werden immer stärker zu einem gesellschaftspolitischen Faktor. Sie fordern uns auf, unsere Bilder vom Alter zu verändern, über Stellenwert, Aufgabe und Rolle der älteren Menschen in unserer Gesellschaft neu nachzudenken.

Das Bewußtsein der Gesellschaft – und oft auch des einzelnen – hinkt dieser Entwicklung jedoch hinterher. Gebrechlichkeit, Passivität, abnehmende Fähigkeiten und Rückzug bestimmen das überkommene Bild vom Alter. Dieses Altersstereotyp lenkt unsere Einstellungen und Verhaltensweisen älteren Menschen gegenüber, es macht sie zum Objekt der fürsorglichen Ausgrenzung.

Trifft dieses Bild auch bei einem Teil älterer Menschen zu, so beschreibt es nur einen Teil ihrer Wirklichkeit, negiert ihre Interessen, Potentiale und Individualität. Vor allem aber: Die meisten älteren Menschen werden nie hilfsbedürftig, ihre Lebensformen sind vielfältig und eigenständig. Sie zeigen vielmehr, wie „hilfsbedürftig" die Gesellschaft selbst in ihrem undifferenzierten Umgang mit der ständig größer werdenden Zahl älterer Menschen ist.

Unsere primäre Aufgabe ist es, die Gesellschaftspolitik altersintegrativ zu gestalten und älteren Menschen zu ermöglichen, ihre Lebensweise und Rolle in der Gesellschaft selbst gestalten und bestimmen zu können. Die Stadt Feldkirch will mit ihrem Konzept „Gerne alt werden in Feldkirch" einen Schritt in diese Richtung setzen. Gleichzeitig ist – bei der Betrachtung der Gegenwart – die vordringlichste Aufgabe der Gemeinde, besonders an die Lebenssituation jener zu denken, die die Unterstützung anderer benötigen. Deshalb bildet die Altenhilfe zwar den Schwerpunkt unserer Überlegungen, wir verstehen dies jedoch als Baustein für eine umfassende Neuorientierung der gesamten Altenpolitik.

Was wollen wir in der Altenarbeit erreichen?

Wertschätzung

Es ist unser zentrales Anliegen, Feldkirch insgesamt als Lebensraum altersfreundlich zu gestalten.

Wir wollen, daß das Klima in der Stadt und die alltäglichen Entscheidungen der Politik und Verwaltung die Wertschätzung für die älteren Menschen widerspiegelt.

Dazu gehört auch, die älteren MitbürgerInnen – ihrer Aufgabe für die Gesellschaft entsprechend – aktiv in die Gestaltung der Stadtentwicklung miteinzubinden.

Lebensqualität, durch Hilfe und Selbstbestimmung

Ziel der Altenhilfepolitik Feldkirchs ist die Förderung und Erhaltung einer möglichst hohen Lebensqualität im Prozeß des Älterwerdens. Für uns bedeutet dies nicht nur, daß wir die notwendigen Hilfen zur Verfügung stellen, wenn Pflegebedürftigkeit entsteht. Die Würde des Menschen verlangt, daß wir die Hilfe so organisieren, daß auch pflegebedürftige MitbürgerInnen über ein möglichst hohes Maß an Selbstbestimmung bei der individuellen Lebensgestaltung verfügen.

Sicherheit, Kontinuität, Wahlfreiheit

Wir arbeiten dafür, daß alle BürgerInnen Feldkirchs – unabhängig von ihrer materiellen Situation – bei Bedarf auf ein qualitativ hochwertiges Angebot an Unterstützungsleistungen zurückgreifen können, das sich an ihren Bedürfnissen orientiert. Pflegebedürftige Menschen sollen darüber entscheiden können, wo und wie sie leben wollen, so daß auch im hohen Alter die Kontinuität der Lebensweise gewahrt bleibt.

Ganzheitliche Betreuung

Unserem Menschenbild entsprechend soll sich die Gestaltung der Altenhilfe ganzheitlich an den medizinischpflegerischen ebenso wie an den seelisch-psychischen, sozialen und kulturellen Bedürfnissen orientieren. Die Pflege- und Betreuungskonzepte sollen auf den eigenen Ressourcen und Fähigkeiten aufbauen und sich nicht nur an der Abdeckung der Defizite orientieren.

Wie wollen wir diese Ziele erreichen?

Mitentscheidung und Information

Wir wollen sicherstellen, daß die Interessen älterer Menschen bei den Entscheidungen der Gemeindepolitik und -verwaltung mitberücksichtigt werden. Ältere Menschen sollen insbesondere dort mitentscheiden können, wo sie direkt betroffen sind. Als Voraussetzung dafür streben wir eine sorgfältige Information älterer MitbürgerInnen über die sie betreffenden Belange an.

Handlungsfelder der Altenhilfe ausweiten

Die Unterstützung für ältere Menschen soll nach unserem Verständnis nicht erst dort einsetzen, wo bereits mehr oder weniger schwere Pflegebedürftigkeit entstanden ist. Altenarbeit muß darauf abzielen, vermeidbaren Nöten im Alter schon in früheren Lebensphasen vorzubeugen. Wesentliche Handlungsfelder der kommunalen Altenarbeit liegen deshalb in der Prävention und Rehabilitation, in der Unterstützung der Selbsthilfekräfte sowie in der Stärkung der kleinen sozialen Netze, in denen ältere Menschen leben. Ein Schwerpunkt der zukünftigen Altenarbeit wird die verstärkte

Unterstützung und Absicherung pflegender Angehöriger sein.

Neue Wohn- und Betreuungsformen

Wo öffentliche Hilfestellung benötigt wird, soll die Hilfe primär zum Menschen kommen und nicht umgekehrt. Die Stadt wird deshalb bevorzugt den Ausbau der ambulanten Hilfen anstreben. Wir wollen Formen des Lebens und Zusammenlebens fördern, die ein selbständiges Wohnen im Alter ermöglichen. Die Schaffung von teilstationären Betreuungsformen soll Menschen ermöglichen, trotz intensiver Pflegebedürftigkeit zu Hause leben zu können. Wo die Aufnahme in ein Heim notwendig und gewünscht ist, wird der alte Mensch auf ein Angebot in seiner Nähe zurückgreifen können.

Wahlmöglichkeiten, Subsidiarität

Selbstbestimmung setzt Wahlmöglichkeiten voraus. Deshalb wollen wir ein vielfältiges Angebot an Unterstützung schaffen und Monopole, seien es städtische oder private, vermeiden. Beim notwendigen Ausbau der zusätzlichen Kapazitäten wollen wir primär auf den bestehenden privaten Organisationen aufbauen. Deren Autonomie soll erhalten bleiben. Wir wollen nur dort städtische Angebote schaffen, wo die Unterstützung der Selbsthilfe, der pflegenden Angehörigen und der privaten Hilfsorganisationen Bedarfe offenläßt.

Vernetzung, Personalentwicklung

Ganzheitliche und effiziente Altenarbeit verlangt in zunehmendem Maß die klientenbezogene Kooperation der verschiedenen Hilfsorganisationen und Fachspezialisten. Wir streben deshalb die Vernetzung der verschiedenen Dienstleistungsangebote für ältere Menschen an. Die Zahl und Qualität der MitarbeiterInnen in der Altenhilfe stellt das entscheidende Kriterium in der Zukunft dar. Wir wollen deshalb attraktive Arbeitsbedingungen schaffen, die den hohen Anforderungen qualifizierter Altenarbeit entsprechen.

E. Die Altersdepression

Die Depression ist eine der häufigsten Erkrankungen auf dieser Welt. Jeder zweite hat mindestens einmal in seinem Leben eine Depression gehabt, und übereinstimmend wird berichtet, daß sie noch im Zunehmen begriffen ist. Was man dabei viel zu wenig berücksichtigt, ist, daß es verschiedene Formen der Depression gibt, die in ihrer Verursachung sehr unterschiedlich sind und daher natürlich auch einer unterschiedlichen Therapie bedürfen. Wenn man also einem Mitmenschen über eine eigene Depression berichtet, und er antwortet: „Ich habe auch schon eine gehabt, und mir hat dieses oder jenes geholfen", so geht eine solche Antwort von der laienhaften falschen Annahme aus, daß alle Depressionen gleich und daher auch gleich zu behandeln seien.

Im Folgenden möchte ich von den vielen verschiedenen Formen der Depressionen nur zwei besprechen, nämlich die endogene Depression und die Altersdepression. Die endogene Depression muß ich hier deswegen hereinnehmen, weil fast alle Altersdepressionen unter den Symptomen einer endogenen Depression verlaufen.

Aber was bedeutet das Wort „endogen"? Eigentlich meint es, daß die Depression aus dem Innersten kommt, also mit äußeren Faktoren nichts zu tun hat. Wie wir aber noch sehen werden, stimmt diese Deutung nicht: Denn auch nach einem schweren Schicksalsschlag (z.B. dem Tod eines nahen Angehörigen) kann man eine endogene Depression bekommen, die wir dann als reaktiv ausgelöst bezeichnen.

Im anderen Sinne aber stimmt die Bezeichnung schon, denn die endogene Depression geht auf jeden Fall auf eine Stoffwechselstörung im Inneren, also im eigenen Körper, zurück, welche zu einer Verzögerung der Impulsvermittlung im Nervensystem und zu einer Blockierung des vegetativen Nervensystems führt. Daher unterscheidet sich die endogene Depression von allen anderen Depressionsformen auch dadurch, daß sie nicht nur psychische, sondern auch massive körperliche Symptome aufweist.

Früher sagte man: Wenn keine Gründe vorliegen, depressiv zu sein, dann handelt es sich um eine endogene Depression. Heute wissen wir, daß eine solche Annahme – wie vorher gezeigt wurde – falsch ist und sagen statt dessen: An ihren Symptomen sollt ihr die endogene Depression erkennen. Diese Symptome sind die folgenden:

1. traurige Verstimmung mit Beharrungstendenz
2. psychische und körperliche Hemmung
3. absoluter Pessimismus
4. Selbstvorwürfe
5. Angst
6. hypochondrische Ideen
7. körperliche Symptome
8. intensive Selbstmordtendenz

ad 1. Die Beharrungstendenz bedeutet, daß es sich um eine anhaltende Traurigkeit handelt. Die endogene Depression verläuft in Phasen, d. h., sie setzt langsam oder plötzlich ein und dauert dann Wochen und Monate, eventuell sogar Jahre. Schließlich klingt die Phase ab, und es tritt völlige Genesung ein, wobei es aber durchaus möglich ist, daß später neuerliche depressive Phasen auftreten.

Die endogene Depression gehört zum sogenannten manisch-depressiven Formenkreis, es ist also auch möglich, daß sich depressive Phasen mit manischen (auffallend gehobene Stimmungslage) abwechseln. Jedenfalls ist es nicht so, daß man bei dieser Erkrankung einige Tage depressiv ist, dann aber wieder fröhlich und ungestört. Wohl aber gibt es bei endogenen Depressionen einen charakteristischen Tagesablauf: Am Morgen ist der Zustand am schlechtesten, oft geradezu unerträglich, während er sich in den Nachmittagsstunden bessert. Viele Patienten bedauern es fast, am Abend schlafen zu gehen, weil sie sich gerade zu dieser

Zeit am besten fühlen. Die Beharrung zeigt sich aber nicht nur in der chronischen traurigen Stimmung, sondern auch im Beharren auf traurigen Gedanken, was wir als Grübelzwang bezeichnen. Der endogen Depressive hört auf, seine Umwelt zu betrachten, seine ganze Aufmerksamkeit ist aufs eigene Innere gerichtet, das als negativ erlebt wird und von dem er nicht loskommt. Daraus ergibt sich auch, daß es kaum möglich ist, den endogen Depressiven von sich selbst abzulenken.

ad 2. Die Verlangsamung bezieht sich im Körperlichen auf die Bewegungen; die Muskulatur ist oft wie erstarrt, der Gesichtsausdruck bekommt dadurch etwas Depressiv-Eingefrorenes, so wie in früheren Zeiten von Dürer die Melancholey (der damalige Ausdruck für eine endogene Depression) dargestellt wurde. Auch im Psychischen ist sie wirksam: Die Sprache wirkt gehemmt, verzögert, der assoziative Betrieb ist verlangsamt, oft kommt er vollständig zum Erliegen, wodurch jede Form der Kreativität unmöglich erscheint. Viele endogen Depressive halten sich daher irrigerweise für verblödet und geistig abgebaut. Man kann diesen Zustand auch als Adynamie bezeichnen, d. h. als Antriebslosigkeit. Der Rückenwind, der einen seine Aufgaben wie von selbst erledigen läßt, ist verlorengegangen, und daher muß man sich zu jeder, auch zur geringsten Tätigkeit zwingen; „die Dinge gehen einem nicht so von der Hand“.

ad 3. Der Kranke hat gleichsam eine schwarze Brille auf, durch die er alles in negativer Weise betrachtet. Positives wird nicht zugelassen, Hoffnungslosigkeit dominiert. Millionäre können zum Beispiel in einer endogen-depressiven Phase davon überzeugt sein, daß sie all ihr Geld verloren haben (depressives Verarmungsgefühl). Wenn man dem Patienten wahrheitsgetreu erklärt, die Depression sei vorübergehend, so kann er das infolge seines Pessimismus nicht glauben. Wenn z. B. ein Patient schon einige depressive Phasen gehabt hat und erleben durfte, daß sie vergingen, so ist er doch kaum imstande zu glauben, daß die jetzige auch solch ein gutes Ende finden wird. Daraus ergibt sich auch, welch ein Wahnsinn es ist, einem endogen Depressiven zu raten, sich zusammenzunehmen; er müsse nur den entsprechenden Willen haben, dann wäre alles gut. Hier wird der Kranke vor Forderungen gestellt, die er nicht erfüllen kann, und dieses Nichtkönnen wird dann natürlich von ihm neuerlich im Sinne der negativen Bewertung seiner Situation und Person benützt (ich habe schon wieder versagt).

Andererseits muß man trotz allem dem Patienten immer von neuem Hoffnung geben (auch wenn er sie kaum annehmen kann), wozu man um so mehr berechtigt ist, weil heute die endogene Depression eine der am erfolgreichsten zu behandelnden psychischen Erkrankungen ist (siehe später).

ad 4. Der endogen Depressive hat jedes Selbstwertgefühl verloren. Er hält sich für unfähig, meint, seinen Aufgaben niemals gewachsen zu sein, und erlebt seine Depression nicht als Krankheit, sondern als Bestätigung seiner Unfähigkeit, seines „Schlechtseins". Er sucht die Schuld für alles und jedes bei sich selbst und macht sich dementsprechend die heftigsten Vorwürfe, oft für Lächerlichkeiten, die bis in seine Kindheit zurückreichen können. Religiöse Menschen, die eine endogene Depression bekommen, glauben mitunter nicht mehr an das Sakrament der Buße, sondern halten sich für unerlösbar, wünschen sich den Tod als Strafe für ihr vermeintliches Versagen. Im Zusammenwirken von Verlangsamung, Pessimismus und Verlust des Selbstwertgefühls entsteht ein für den endogen Depressiven charakteristisches Symptom, die Unfähigkeit, irgendeinen Entschluß zu fassen. Es ist daher nicht nur sinnlos, sondern unmenschlich, den Patienten in diesem Zustand vor Entscheidungen zu stellen.

ad 5. In jedem endogen Depressiven ist ein starkes, enorm gefährliches irrationales, d. h. nicht von seinem Verstand, sondern von seinem Gemütszustand abzuleitendes Angstpotential enthalten. Es gibt endogene Depressionen, bei denen diese Angst und die daraus entstehende Ruhelosigkeit im Vordergrund steht (agitierte Depression), und andere, bei denen die Hemmung so dominiert, daß man die Angst nicht merkt (gehemmte Depression). Daß aber auch bei der letzteren im Hintergrund Angst vorhanden ist, beweisen plötzlich ausbrechende Angstanfälle, die dann durchaus zu blitzschnellen Selbstmordhandlungen führen können.

ad 6. Der Pessimismus und die Schuldgefühle erzeugen in ihrem Zusammenwirken oft hypochondrische Ideen, die dann den Kranken noch zusätzlich in seinem Gefühl der Ausweglosigkeit bestärken und gleichzeitig als eine Bestrafung für sein vermeintliches Versagen interpretiert werden. Eine besonders oft von endogen Depressiven gewählte Vorstellung ist die Überzeugung, an Krebs erkrankt zu sein. Solche hypochondrische Ideen, besser gesagt „Gewißheiten", sind natürlich nur dadurch zu beseitigen, daß die endogene Depression erfolgreich behandelt wird und abklingt. Mehrfache Untersuchungen haben gezeigt, daß mehr Menschen, die sich infolge einer endogenen Depression einbilden, Krebs zu haben, durch Selbstmord sterben, als tatsächlich Krebskranke durch Suizid enden. Es ist in diesen Fällen besonders tragisch zu erleben, wie Angehörige nach einem solchen Selbstmord lieber hören möchten, der Patient habe wirklich Krebs gehabt, weil ihnen dann erstens der Selbstmord verständlicher erschiene und sie zweitens der Gedanke trösten könnte, der Betreffende habe sich mit seinem Suizid einen qualvollen Tod erspart. Auch andere hypochondrische Vorstellungen sind natürlich möglich, und es ist klar, daß sie allesamt den Kranken noch in seiner Depression bestärken. So kommt es hier zu einem Kurzschluß: die Depression gebiert Vorstellungen, die ihrerseits die Depression verstärken.

ad 7. Von den durch die Stoffwechselstörungen der endogenen Depression hervorgerufenen körperlichen Symptomen sind vor allem die Schlafstörungen zu nennen. Man kann in der Regel rasch einschlafen, wacht aber ungewöhnlich zeitig auf (oft das erste Symptom einer herannahenden endogenen Depression). Daß oft sehr unangenehme Träume mit ängstlich-depressivem Inhalt auftreten, beweist, daß die Depression auch im Unbewußten verankert ist. Mit diesem frühzeitigen Erwachen, von dem der Patient nicht durch Wiedereinschlafen erlöst wird, ist auch der bereits erwähnte morgendliche Höhepunkt der Depression verbunden. Man liegt ab drei, vier, fünf Uhr angstgeschüttelt im Bett, von Grübelzwang, Pessimismus und Selbstmordvorstellungen gepeinigt, fühlt sich gleichzeitig unfähig aufzustehen, sondern möchte sich im Bett verkriechen. Ein weiteres Symptom ist die Trockenheit im Mund, die oft als qualvoll empfunden wird. Der endogen Depressive kann nicht mehr mit Tränen weinen, denn auch die Tränenproduktion ist wie die des Speichels reduziert. Wenn der Patient zum erstenmal wieder in Tränen ausbricht, markiert dies gewöhnlich den Beginn der Heilung („Die Träne quillt, die Erde hat mich wieder“). Auch der Appetit ist deutlich vermindert; man muß sich zu jeder Mahlzeit zwingen, dementsprechend kommt es auch zu Gewichtsverlust. Gewöhnlich ist der endogen Depressive obstipiert, das heißt, er hat Verstopfung, was zusätzlich zu einem unangenehmen Erleben des eigenen Körpers beiträgt. Bei Frauen setzt in einer endogen-depressiven Phase gewöhnlich die Menstruation aus.

ad 8. Selbstmordtendenz.

Ich möchte es dem Leser überlassen, sich nochmals die beschriebenen sieben Symptomgruppen der endogenen Depression zu überlegen, um daraus den Schluß zu ziehen, daß eigentlich jede Beschwerdegruppe in Richtung Suizid weist. Nun muß man sich noch zusätzlich das Zusammenwirken all dieser Symptome vorstellen, dann wird man begreifen, daß die endogene Depression die selbstmordgefährlichste aller Erkrankungen ist, die wir kennen. Fast ein Drittel aller Selbstmorde geht auf sie zurück. Hier ist die Todestendenz so überwältigend, daß dem Selbsterhaltungstrieb im Falle einer Selbstmordhandlung nur geringe Chancen bleiben. Dementsprechend ist die endogene Depression auch am Selbstmord viel stärker beteiligt als am Suizidversuch.

In diesen Ausführungen habe ich das voll ausgeprägte Bild der endogenen Depression beschrieben, das man eigentlich kaum übersehen kann. Es gibt aber heute viele Fälle einer abgeschwächten endogenen Depression, also mit einer weniger deutlichen Symptomatik, die natürlich schwerer zu erkennen sind. Außerdem muß bedacht werden, daß der endogen Depressive kein Geistes-, sondern ein Gemütskranker ist, der demzufolge die Fähigkeit besitzt, zu dissimulieren, d. h. seine Krankheit, so gut er kann, zu verbergen, was ihm besonders am Nachmittag (infolge des Besserwerdens seines Zustandes zu diesem Zeitpunkt) relativ leicht gelingen mag.

Es ist leider ein Irrtum zu glauben, daß solche abgeschwächte endogene Depressionen auch mit einer abgeschwächten Selbstmordgefahr verbunden sind. Bei ihnen erscheint nämlich vor allem die Hemmung nicht so ausgeprägt, wodurch aber der einzige Faktor wegfällt, der dem Suizid im Wege steht.

Noch einmal möchte ich zusammenfassend auf die Hölle hinweisen, welche eine endogene Depression für den Kranken, aber auch für seine Umgebung, die ja mitleidet und oft nicht weiß, was hier vorgeht, darstellt. Viktor Frankl hat dies unübertreffbar ausgedrückt, als er die endogene Depression als „Dies irae in Permanenz" (andauernder Tag des Gerichtes) bezeichnet hat. Wenn auch die Psychiatrie gelernt hat, diese Erkrankung immer besser zu verstehen, so ist vielleicht doch bis zum heutigen Tage die Darstellung unüberboten, die Goethe in Faust II von ihr gegeben hat:

Wen ich einmal mir besitze,	
dem ist alle Welt nichts nütze;	
ewiges Düstre steigt herunter,	Beharrungstendenz
Sonne geht nicht auf, nicht unter,	
bei vollkommnen äußern Sinnen	geistige Intaktheit
wohnen Finsternisse drinnen,	gemütsmäßige
	Verdunkelung
und er weiß von allen Schätzen	
sich nicht in Besitz zu setzen.	
Glück und Unglück wird zur Grille,	
er verhungert in der Fülle;	Verarmungsgefühl
sei es Wonne, sei es Plage,	
schiebt er's zu dem andern Tage,	
ist der Zukunft nur gewärtig,	
und so wird er niemals fertig.	Entschlußunfähigkeit
Soll er gehen, soll er kommen?	
Der Entschluß ist ihm genommen;	
auf gebahnten Weges Mitte	
wankt er tastend halbe Schritte,	Angst
er verliert sich immer tiefer,	Grübelzwang
siehet alle Dinge schiefer,	Pessimismus
sich und andre lästig drückend,	„Schwarze Brille“
atemholend und erstickend,	vegetative Symptome
nicht erstickt und ohne Leben,	
nicht verzweifelnd, nicht ergeben.	
So ein unaufhaltsam Rollen,	
schmerzlich Lassen, widrig Sollen,	
bald Befreien, bald Erdrücken,	
halber Schlaf und schlecht Erquicken	Schlafstörung
heftet ihn an ihre Stelle	
und bereitet ihn zur Hölle.	

Nun ist noch ein Wort zu sagen über die moderne Behandlung der endogenen Depression. Ich wage die Behauptung, daß durch die Entdeckung der Antidepressiva wohl der größte Fortschritt in der

Therapie von psychiatrischen Erkrankungen in den letzten fünfzig Jahren Wirklichkeit wurde. Wir haben ja verstanden, daß die endogene Depression eine organische Störung ist, und es war daher von unschätzbarem Wert, in den Antidepressiva ein Mittel gefunden zu haben, welches diese Stoffwechselerkrankung behebt. Den Wirkungsmechanismus erkläre ich meinen Patienten so, daß ich es vergleiche mit der erfolgreichen Bemühung, verrußte Zündkerzen im Auto so zu putzen, daß der Funke wieder überspringen und das Auto starten kann.

Es gibt heute eine Vielzahl von Antidepressiva. Jedem Antidepressivum muß zumindest eine Anwendungszeit von vierzehn Tagen gewährt werden; erst nach diesem Zeitpunkt kann über die Wirkung oder Nichtwirkung eine erste Aussage erfolgen. Es versteht sich daher von selbst, besonders wenn man den qualvollen Zustand der Depression in Rechnung stellt, daß es sehr wichtig erscheint, möglichst rasch das in diesem Fall wirksame Antidepressivum zu finden. Dazu gehört viel Erfahrung und viel Einfühlungsgabe. Der Arzt muß auch immer über den neuesten Stand der verfügbaren Antidepressiva Bescheid wissen, denn die diesbezügliche Forschung geht immer weiter. Es gibt Antidepressiva, die eher bei jenen endogenen Depressionen wirken, bei denen die Hemmung im Vordergrund steht, wieder andere, die besonders für agitierte, ängstliche Depressionen wirksam sind.

Diese Unterscheidung ist sehr wichtig: Man stelle sich z. B. vor, welche Katastrophe eintreten kann, wenn man einem schon agitierten Depressiven ein Medikament gibt, das vor allem die Hemmung bekämpft und den Antrieb erhöht! Außerdem muß darauf hingewiesen werden, daß man sich auch bei der Behandlung eines endogen-depressiven Patienten nicht mechanistisch mit der Verschreibung von Antidepressiva begnügen darf, sondern es auch hier sehr auf eine gute Arzt-Patienten-Beziehung ankommt. Der Arzt muß dem Patienten den Beweis dafür liefern, daß er seine Krankheit kennt, er muß ihm die Wirkungsweise der Antidepressiva erklären und ganz besonders auf gewisse Nebenwirkungen, die selbstverständlich von Medikament zu Medikament verschieden sind, aufmerksam machen. Er muß darauf hinweisen, daß die Wirkung der Antidepressiva Schritt für Schritt eintritt, d. h., daß sie zu einer stufenweisen Besserung führen, bis schließlich die Heilung eingetreten ist. Damit ist gemeint, daß nach einigen Tagen der Behandlung sich ein Patient oft schon besser fühlt, dann zwar ein Rückschlag eintritt, der aber von einem weiteren Schritt in Richtung Verbesserung des Zustandes gefolgt wird. Der Patient muß dies wissen, um nicht an einem neuerlichen schlechten Tag wieder die Hoffnung zu verlieren und zu einer Verzweiflungsreaktion getrieben zu werden.

Ich kann hier nicht ins Detail gehen, hoffe aber doch, klar bewiesen zu haben, wie wichtig auch bei der endogenen Depression das Vertrauensverhältnis zwischen Arzt und Patient erscheint. Die Behandlung mit Antidepressiva wird so lange fortgesetzt, bis die Symptome der Depression völlig verschwunden sind. Dann erfolgt eine langsame Reduktion und schließlich die Beendigung der Therapie. Es gibt Fälle, wo man auch eine sogenannte Erhaltungsdosis belassen kann, um Rückfällen vorzubeugen.

Schließlich darf noch angeführt werden, daß es in letzter Zeit durch die Entdeckung des Lithiums gelungen ist, bei vielen Patienten das Auftreten einer neuen depressiven Phase in Zukunft zu verhindern. Da aber dann das Lithium andauernd genommen werden muß, wird man sich zu dieser Therapie nur dann entschließen, wenn ein Mensch schon mehrere depressive Phasen gehabt hat.

Ich möchte abschließend so zusammenfassen: Nach wie vor ist es natürlich ein beträchtliches Problem, an einer endogenen Depression zu erkranken, aber gleichzeitig hat der Kranke heute berechtigte Hoffnung, daß seine Depression therapeutisch relativ rasch zu Ende gebracht wird und sich nicht mehr wiederholt.

Es gilt nun zu prüfen, welche Beziehung die Altersdepression zur endogenen Depression hat. Vor zwei Fehlern muß ich dabei gleich einleitend warnen. Die erste Verkennung ist, die Tendenz zu haben, jede Depression eines älter werdenden Menschen mit einem geistigen Abbau in Zusammenhang zu bringen, also als depressive Form einer senilen Demenz oder arteriosklerotischen Demenz zu bewerten. (Siehe das entsprechende Kapitel früher.) Natürlich gibt es solche Fälle, aber im großen und ganzen müssen wir doch sehr vorsichtig und bemüht sein, die Würde des alten Menschen zu wahren, und dürfen ihn daher nicht automatisch und voreilig mit dem Stempel eines geistigen Abbaus versehen. Wachsamkeit ist nötig, aber negative Subsummierung wäre eine große Gefahr und eine Herabsetzung der Menschenwürde. Ich sage das deshalb, weil ich sehr viele Personen gesehen habe, die als Fälle einer depressiven Form einer Arteriosklerose eingestuft waren, ohne es je zu sein. Ich kann also von der Gleichsetzung Alter ist gleich Demenz nur dringend abraten. Ich habe früher darauf hingewiesen, daß Menschen mit endogenen Depressionen sich infolge ihres „Eingefrorenseins“ oft für verblödet halten. Besonders wird dies natürlich bei alten Patienten der Fall sein, weil sie sich vor dem geistigen Abbau ständig fürchten. Um so wichtiger ist dann die Notwendigkeit für den Arzt, klarzustellen, daß hier keine Verblödung, sondern nur eine „depressive Denklähmung“ vorliegt, die nach Beendigung der Depression wieder verschwindet.

Eine zweite Verkennung ist, jede Altersdepression einfach *nur* als endogene Depression anzusehen. Natürlich ist rein symptomatisch gesehen sehr vieles von der endogenen Depression in der Altersdepression zu finden. Da ist eine gewisse

Adynamie, da ist ein Grübelzwang, da ist ein Gefühl der eigenen Minderwertigkeit, da sind hypochondrische Ideen, und daher liegt die Diagnose bloße endogene Depression sehr nahe. Und doch gibt es einige große Unterschiede.

Zuerst einmal sind im allgemeinen bei der Altersdepression die beschriebenen Symptome der endogenen Depression nicht mit äußersten Spitzenwerten festzustellen. Eine Ausnahme machen da freilich die hypochondrischen Beschwerden, weil ja der alte Mensch, wie wir schon gesehen haben, besonders zu solchen Symptomen neigt.

Auch die Schlafstörungen bei der Altersdepression verdient eine Bemerkung: Jeder alte Mensch schläft kürzer, wie es Franz Werfel in seinem Gedicht „Das Kalendarium des Schlafes“ beschrieben hat.

Der Knabe schläft die Nächte durch und Tage,
ihm ist die Zeit wie Wiesengras nichts wert.
Des Jünglings Schlaf hält kürzer schon die Waage
dem wachen Sein, das endlos wiederkehrt.
Der Mann, voll Wichtigtuns im Reich der Plage,
mit Ungeduld acht Stunden Schlaf verzehrt,
Der Greis zuletzt, nach flücht'ger Ruhelage,
erhebt sich sanft und sonderbar entschwert.
Des Lebens Absturz wird unmerklich so gelindert,
Gott mehrt die Zeit, je mehr die Zeit sich mindert.

Man muß daher zwischen einem *kurzen* und einem *schlechten* Schlaf, besonders bei alten Menschen, unterscheiden: Aus dem kurzen Schlaf erwacht der Gesunde in bester Verfassung, aus dem schlechten der Depressive bedrückt und verzweifelt. Bei dieser Gelegenheit möchte ich eine Warnung aussprechen: Nicht gleich bei einer Schlafstörung im Alter mit Schlafmitteln eingreifen, von denen dann der Patient unter Umständen nie mehr loskommt. Erst prüfen, ob nicht die Schlafgewohnheiten (z. B. „Mittagsschlaferl") geändert werden sollten oder ein Entspannungsmittel verschrieben beziehungsweise, wenn es sich um eine depressive Insomnie handelt, ein Antidepressivum verabreicht werden sollte.

Nun aber komme ich zum wichtigsten, entscheidendsten Unterschied: Während die endogene Depression, wie wir wissen, in Phasen verläuft, zeigt die Altersdepression die fatale Tendenz zur Chronifizierung. Mein Lehrer, Hans Hoff, hat immer gesagt: „Wenn eine endogene Depression sich chronifiziert, dann deswegen, weil offenbar ein anderer Faktor noch hinzukommt." Daher möchte ich nachdrücklich betonen, daß man keine Altersdepression als rein endogene Depression auffassen sollte, sondern den hinzukommenden Faktor suchen müßte, und der ist fast immer in einer mißglückten oder zum Mißglücken drohenden Altersadaptation zu finden.

Wie wir schon gesehen haben, stellt ja das Altern den Menschen vor die besonders schwierige Problematik, mit den zahlreichen Belastungen dieses Zeitabschnittes fertig zu werden. Mißglückt diese Bemühung, wird der Mensch in eine depressive Verarbeitung hineingedrängt. Diese Bezogenheit ist häufig so intensiv, daß man oft kaum unterscheiden kann, was zuerst da war, die Altersproblematik oder die Depression. Diese verzahnen sich ineinander, bedingen einander und verstärken einander dann in einem schrecklichen Circulus vitiosus. Daher meine ich, daß mit der mechanistischen Betrachtung, „er hat die Symptome einer endogenen Depression, und deshalb gebe ich ihm nur das, was für diese Krankheit das richtige ist, nämlich Antidepressiva", einem alten Patienten nicht gedient ist. Ich betone dies deshalb so nachdrücklich, weil ich bei meinen Kontakten, sowohl in der Krisenintervention als auch in meiner Ordination, ungezählte Menschen getroffen habe, die in einer solchen Weise, also insuffizient, behandelt worden sind.

Ich meine, daß wir somit bei der Altersdepression zur Gabe von Antidepressiva zusätzlich versuchen müssen, dem Menschen die Chance zu bieten, aus einer mißglückten Altersadaptation oder einer zum Mißglücken drohenden herauszufinden und ihm dadurch eine bessere Beziehung zu seinem Alter und zu seinem Altern zu ermöglichen. Ohne diesen zusätzlichen Aspekt gibt es meiner Überzeugung nach keine ausreichende Behandlung der Altersdepression. Ich werde später noch darauf zurückkommen.

Der erste Punkt, dem wir uns daher zuwenden

müssen, ist die Beziehung des alten Menschen zu seinem Körper.

Der Mensch wird im Alter in schrecklichster Weise an seinen Körper erinnert, denn er erlebt ständig das Nachlassen bestimmter Körperfunktionen. Man wacht auf und ist vielleicht glücklich, daß man zu den zahlreichen Symptomen, die man schon hat (Shakespeare: „Wenn die Leiden kommen, so nicht einzeln, sondern in Geschwadern"), nicht ein neues entdecken muß. Man erlebt also Funktionsverluste, man hat Schmerzen, man hat Krankheiten, die im Gegensatz zu früher anhalten und in ein chronisches Leiden übergehen, und das bewirkt natürlich eine persönliche Bedrückung. Man fürchtet um jede Funktion, beobachtet sich ständig, und das führt leicht zu einer hypochondrischen Grundhaltung. Jeder von dem Problem Betroffene weiß, wie man besorgt ist, man könnte das, was man heute noch kann, morgen nicht mehr leisten. Friedrich Hebbel hat den Unterschied zwischen der diesbezüglichen Situation des jungen und des alten Menschen wie folgt beschrieben: „Der Junge fragt sich, was hat mir der Tag gebracht, der Alte, was hat mir der Tag genommen."

Solche Klagen lauten dann: „Ich höre nicht mehr so gut wie früher, ich sehe nicht mehr so gut wie früher, ich kann nicht mehr so gut gehen wie früher, es ist alles so mühsam geworden."

Das schlechte Hören behindert den zwischenmenschlichen Kontakt, das schlechte Sehen entwertet das Fernsehgerät, wie soll man einkaufen gehen, wenn man sich nur mühsam fortbewegen kann und im dritten Stock, natürlich ohne Lift, wohnt. Wie soll man schlafen, wenn einen die Schmerzen daran hindern? Es ist ja alles erschwert, behindert und verhindert. Zwei Dichter möchte ich hier zitieren, die dieses Dem-Körper-ausgeliefert-Sein des alten Menschen meisterhaft beschrieben haben. Zuerst Ferdinand Raimund „Der Bauer als Millionär". Nachdem sich die Jugend mit den weltberühmten Worten verabschiedet hat:

Brüderlein fein, Brüderlein fein,
mußt mir ja nicht böse sein!
Scheint die Sonne noch so schön,
einmal muß sie untergehn.

– tritt das Alter ein und verkündet beim Weggehen die folgende Botschaft:

Wie man's nehmen will. Aber jetzt leben Sie wohl, ich hab meine Post ausgericht't. Wenn S' mich auch nicht mehr sehen, Sie werden mich schon spüren. Für einhundert und dreißig Jahrln können Sie sich schon ausgeben, auf mein Wort. Adieu! Also, schön merken: In der Früh ein Schalerl Suppen und ein halbes Semmerl drin, und um elf Uhr ein bisserl in der Sonn' spazierengehen, aber immer ein Haferdeckerl auf den Magen legen, daß Sie sich nicht erkühlen. Z' Mittag ein eingmachts Henderl und ein halbs Seiterl Wein, und auf die Nacht eine halberte Biskotten, und gleich ins Betterl gehn. So, jetzt pa! pa! alter Papa, und befolgen Sie meinen Rat. Kein' Tee müssen S' nicht trinken, den haben S' so schon. Gute Nacht, mein lieber Herr von Wurzel! Gute Nacht!

Und als zweiten Dichter noch ein vorletztes Mal Felix Mitterer:

Fällt dir auf, wie klein ich bin?
Ich war doch einmal relativ groß, nicht?
Kein Riese, nein, das nicht.
Aber doch relativ groß.
Du ja auch.
Du bist auch relativ groß.
Ich schrumpfe.
Ich schrumpfe!

Doch, ich schrumpfe!
Das Skelett schrumpft,
der Körper schrumpft,
auch der Schädel schrumpft!
Ich bekomm einen Schrumpfschädel!

Buytendeik hat gesagt: „Unsere Beziehung zum Körper ist eine doppelte: Wir sind Körper und haben Körper. Durch dieses *Haben* nun kann unser *Sein* wesentlich beeinflußt werden, und es ist somit klar, daß unser Körper mit den zahlreichen Beschwerden, die er uns im Alter macht, eine Tendenz zu jenem Pessimismus hervorrufen kann, der vermutet, es werde alles nur noch schlechter werden, und bereits ein wesentlicher Baustein der Altersdepression ist." Ich besitze ein Autograph des großen österreichischen Dichters Franz Grillparzer. Mit zittrigen Händen hat er im Alter die folgenden vier Zeilen geschrieben:

> Ich war ein Dichter,
> nun bin ich keiner,
> der Kopf auf meinen Schultern
> ist nicht mehr meiner.

Aus diesen Worten sprechen tiefe Hoffnungslosigkeit und jenes Entwertungsgefühl (Entpersönlichung), welches sehr mit der Altersdepression verbunden ist. Und schon jetzt, hoffe ich, muß jedem Leser klar sein, daß es sich hier um einen Punkt handelt, der mit Antidepressiva allein niemals bewältigt werden kann. Wenn er dies erkennt, aber auch nur dann, kann der Arzt hier eine entscheidende Rolle spielen. Jedes Bemühen, bei einem alten Menschen ein somatisches Symptom zu heilen oder auch nur zu bessern, kann ganz entscheidend zur Beseitigung der Altersdepression beitragen. Die körperlichen Probleme können gar nicht ernst genug genommen werden. Man denke nur an das entsetzliche Gefühl: Das wirst du jetzt nie mehr los! Nie mehr! Wenn es dem Patienten dann ermöglicht wird zu sehen, daß doch noch manches überwunden werden kann – und sollte es sich auch nur um einen kleinen Fortschritt handeln –, so gibt dies Mut und Hoffnung, die die gesamte

Haltung des Menschen verändern können. Ein anderer Ausdruck für Selbstmord ist „sich entleiben“, und niemals ist dieses Synonym so berechtigt wie beim Suizid des alten Menschen, denn es ist eben der Leib, mit all seinen Beschwerden, den er oft loswerden will.

Gerade in dieser Periode wird nicht nur jedes körperliche Symptom besonders psychisch erlebt, es hat darüber hinaus oft sogar den Stellenwert des Ausdrucks einer Emotion. Daher benötigt der alte Mensch jenen Arzt, der bereit ist, nicht nur auf die Beschwerden, sondern auch auf die dahinterstehende Lebensproblematik einzugehen und sie mit dem richtig einfühlenden Zuspruch zu beantworten. Wie viele Patienten kommen zu uns, weil sie ihren Partner oder ihre Wohnung verloren haben oder zu verlieren drohen, weil sie plötzlich vor einer ganz neuen (auch finanziellen) Notsituation stehen. Sie behaupten, sie wollten nur den Blutdruck gemessen bekommen, sind aber dann schwer enttäuscht, wenn das die Ordinationsschwester macht, denn im Grunde sind sie gekommen, um ihr „Herz auszuschütten“. Vergessen wir dabei nicht, daß gerade der alternde Mensch sich neuen zwischenmenschlichen Beziehungen schwerer auftut. Wenn also nicht der Vorteil einer schon seit vielen Jahren bestehenden Arzt-Patienten-Beziehung gegeben ist, etwa zum Familienarzt, wie es früher eine Selbstverständlichkeit war, wird es großer Behutsamkeit und Geduld bedürfen, eine solche Beziehung aufzubauen, keinesfalls wird mit einer herablassenden oder abwertenden Haltung etwas ausgerichtet werden können. Ist aber einmal eine solche Beziehung hergestellt, hat sie einerseits eine ausgesprochen psychotherapeutische Funktion und leistet außerdem einen wesentlichen Beitrag zur Durchbrechung der so gefährlichen Isolation des alten Menschen.

Nicht nur der Arzt, sondern auch andere Berufsgruppen, z. B. Sozialarbeiter, Beamte, Politiker, müssen sich natürlich darüber hinaus um die soziale Situation des alten Menschen kümmern, denn wir haben im vorhergehenden Abschnitt erkannt, wie Armut im Alter einen Menschen in Lebensumstände hineinzwingen kann, in denen ein Wunder geschehen müßte, sollten sie nicht eine schwere Depression erzeugen (wie sagt doch der Dichter: „Wer über gewisse Dinge nicht den Verstand verliert, der hat keinen zu verlieren!"). Grundsätzlich muß aber gesagt werden: Zwar kann die Verbesserung der körperlichen und sozialen Umstände ohne Hilfe des Arztes und anderer Berufsgruppen nicht gelingen, unabdingbar aber bleibt dabei, daß auch der betroffene alte Mensch selbst mitarbeitet, sich nicht aufgibt, Widerstand leistet und zu seinem Wohlbefinden selber beiträgt. Die Wohnung verlassen, solange es irgendwie möglich ist, einkaufen gehen, nicht auf die Natur verzichten, Kontakte zu anderen Menschen aufnehmen, Theater besuchen, Bücher lesen, das alles sind Waffen im Lebenskampf. Wie es uns der Patient Felix Mitterers vorführt:

Hab ich Sibirien überlebt,
werd ich mit dem hier auch noch fertig!
Da müssen sie früher aufstehen!

Wir haben bisher zwei Quellen besprochen, welche die Altersdepression verhängnisvoll nähren: den Körper und – wiederholend – die soziale Situation. Ich möchte nun weiter so vorgehen, daß ich nochmals die Probleme aufnehme, deren Meisterung, wie ich im II. Kapitel gezeigt habe, zum positiven Erleben des Alters entscheidend beiträgt. Nun müssen wir sehen, wie das Scheitern der Bewältigung dieser Probleme umgekehrt zur Altersdepression führen kann.

Beginnen wir beim Konservativismus: Wenn er zu einer starren Haltung führt, wird dies tragischerweise die Isolation des alten Menschen ebenso fördern wie seine Verlangsamung und reduzierte Elastizität. Unsere Zeit ist immer schnellebiger geworden, Zeit ist Geld, und alles muß sehr rasch gehen. Und bis sich der alte Mensch zu einer Reaktion aufrafft, nach der er sich in seinem Inneren so sehnt, haben die anderen bereits die Geduld verloren und das Weite gesucht. Da steht er dann da und spricht ganz vergeblich ins Leere... Dann kommt die Schwierigkeit, neue libidinöse Beziehungen einzugehen, und die Tendenz zur Regression, also zum Rückzug, hinzu. Wohin führt das alles? In die Vereinsamung, wohin sonst. An dieser Stelle möchte ich wieder meinen geliebten Anton Wildgans zitieren:

Freunde

Wir waren viele, da wir gingen,
und ich, voran, sah mich nicht um;
ich hörte doch so nahe klingen
der Stimmen freundliches Gesumm

Trat mancher auch vom Weg zur Seite,
verhallend meinem Lauscher-Ohr,
war immer noch ein reich Geleite
und guter Herzen voller Chor.

Allmählich aber ward es leiser,
da wir durchmaßen Jahr für Jahr,
und an des ersten Kreuzwegs Weiser
hielt unser eine kleine Schar.

Von fern die einen und die andern
gesellten sich zu unserm Zug,
war immer noch ein reiches Wandern
und treuen Einklangs Lust genug.

Nur daß ich sie jetzt öfter zählte,
die teuern Stimmen ringsumher,
ob keine, die mir lieb war, fehlte,
denn manche, schien mir's, klang nicht mehr.

Auch dieses liegt schon längst im Weiten,
und stiller wird's tagaus, tagein;
ist immer noch reiches Schreiten,
doch wer am Ende meiner Zeiten,
wer wird bei mir der Letzte sein?

Auf der einen Seite sterben die Bekannten, die Freunde und Freundinnen, und die Menschen klagen: Es wird immer lichter um mich. Lichter natürlich in dem Sinn, daß das eigentlich eine Verdunklung darstellt. Und da kommt die Schwierigkeit dazu, selber Verbindungen anzuknüpfen, so daß ein Gesprächspartner fehlt, dem gegenüber man Gefühle ausdrücken kann. Ulrike Parnreiter spricht in diesem Zusammenhang von drei Qualen: der Qual des Scheinseins (man darf niemand sein wahres Gesicht, seine Not zeigen), der Qual des Alleinseins und der Qual des Steinseins (die Gefühle im eigenen Inneren „vereisen", erstarren). Welch ein Zustand: so einsam zu sein, daß man niemandem abgeht, niemandem mehr etwas bedeutet, von niemandem gebraucht wird. Oft stirbt ein alter Mensch und wird erst entdeckt, wenn es zu riechen beginnt. Entscheidend dafür ist, daß er von niemandem vermißt wird. In der Großstadt Wien wurden jetzt zwei bereits mumifizierte Leichen gefunden, Schwestern, die vor fünf Jahren gestorben waren. Man weiß gar nicht, woran, den Zeitpunkt konnte man nur eruieren durch den Moment, in dem zum letztenmal die Pension in Empfang genommen worden war. Und das Leben bewegte sich weiter, und niemandem gingen sie ab. Das Geld häufte sich am Bankkonto, der Kamin konnte jahrelang nicht geputzt werden, aber niemand fragte sich, was mit ihnen geschehen sein könnte. Niemandem gingen sie ab.

„So einsam kann man sein auf Gottes Erde",

muß man da wohl mit dem Dichter ausrufen! Und das mitten in der Stadt mit dem goldenen Wiener Herzen! Da darf sich keiner wundern, wenn Alte depressiv, wenn sie verbittert werden, wird man doch beim bloßen Zusehen dabei grenzenlos empört.

Damit bin ich bei einem wichtigen Stichwort: der verbitterten Verzweiflung. Wir wissen, daß, psychologisch gesprochen, jede Depression Erbitterung ist (man könnte auch Aggression sagen), die nach außen nicht abreagiert werden kann und dann gegen die eigene Person gerichtet wird. Gerade für den alten Menschen bestehen oft infolge der Verständnislosigkeit seiner Umgebung kaum Möglichkeiten, die Erbitterung, die sich in ihm immer mehr zusammenballt, in irgendwelchen Gesprächen zu kanalisieren und loszuwerden. Und so darf man vielleicht sagen, daß die Altersdepression jene mit der größten inneren Empörung ist, aus der das höchste Potential ohnmächtiger Wut resultiert.

Ich möchte an dieser Stelle ein Gedicht von Stefan Zweig zitieren, welches sein letztes lyrisches Werk bleiben sollte und auf den ersten Blick meiner These von der ohnmächtigen Erbitterung des alten Menschen zu widersprechen scheint.

Linder schwebt der Stunden Reigen
über schon ergrautem Haar,
denn erst an des Bechers Neige
wird der Grund, der gold'ne, klar.

Vorgefühl des nahen Nachtens,
es verstört nicht – es entschwert,
reine Lust des Weltbetrachtens
kennt nur, wer nichts mehr begehrt.

Nicht mehr fragt, was er erreichte,
nicht mehr klagt, was er gemißt,
und dem Alter nur der leichte
Anfang seines Abschieds ist.

Niemals glänzt der Ausblick freier
als im Glast des Scheidelichts,
nie liebt man das Leben treuer
als im Schatten des Verzichts.

Das Gedicht scheint also auszudrücken, daß man im Alter das weniger Gewordene um so wichtiger nimmt und um so leidenschaftlicher verteidigt. Aber leider ist Stefan Zweig ein tragischer Gegenbeweis für diese seine These, denn schon zwei Jahre später, 1942, hat er sich in Brasilien umgebracht, obwohl schon die ersten Hoffnungszeichen für die Niederlage Hitlers gegeben waren. Gelegentlich mag die Zweigsche These stimmen, doch leider muß auch mit dem Gegenteil stets gerechnet werden, dann nämlich, wenn aus dem unfreiwilligen Verzicht auf so viele Freuden im Alter schließlich der „freiwillige" Verzicht auf das gesamte Leben resultiert.

Wenige Tage, bevor der bedeutende Lyriker Georg von der Vring seinem Leben ein Ende setzte, verfaßte er das folgende Gedicht:

Das Schweigen

Die letzten tauben Jahre,
die nimmt ihm niemand ab,
sie sind die sonderbare
Verneblung vor dem Grab.

Wenn je die Wand sich lichtet,
sein Zauberland erscheint,
so ist's von ihm erdichtet
und nicht für ihn gemeint.

Man sagt, er sei jetzt weise,
doch wer so spricht, der irrt.
Es schweigt in jedem Greise,
was ihm begegnen wird.

Wo alle ringsum sprechen,
sinnt er dem einen nach,
Gott wird *sie* unterbrechen,
wie er *ihn* unterbrach.

Ich kenne kaum Verse, die so haßerfüllt gegenüber den Überlebenden sind wie gerade die beiden letzten dieses Gedichts.

Ganz mitentscheidend für diese Verbitterung scheint mir auch immer wieder das Gefühl des alten Menschen von seiner völligen Entwertung zu sein. Sonst war er jemand, jetzt aber fühlt er sich als niemand und nichts. Georg Kreisler beschreibt diesen Vorgang so:

Man sitzt im Hotelcafé
und man war einmal ein Hotelportier
man fragt ohne Zweck und Sinn
wohin, wohin?
Man schaut einen Vogel an
und man war einmal ein versierter Mann
und man fragt, wenn ich's jetzt noch bin
wohin, wohin?
Man sagt, schönes Wetter heut
oder: schrecklich dieser Verkehr
man denkt an die andere Zeit
da war doch was, ja was war denn das?
Man weiß, daß die Zeit vergeht
und man war doch einmal Leichtathlet
und doch, man sieht keinen Nutzen drin
wohin, wohin?
Immer glaubt man, daß man jemanden stört
immer hat man etwas nicht gehört
immer hat man etwas nicht gesehen
und was geschah, ist nie geschehn.
Immer nimmt man irgend etwas krumm
immer ist man weise, aber dumm
aber immer will mich wer belehren
will mir's erklären
dann macht er es knapp
und schiebt mich ab.
Ich sitze in der Rathausbar
wo ich selbst einmal ein Beamter war
und ich frag nach dem tieferen Sinn
wohin, wohin?
Ich sitz auf der Gartenbank

und ich sitz mal in der Gasthausschank
und ich sitz bei der Enkelin
wohin, wohin?
Ich sag Guten Morgen
oder Grüß Gott oder Leben Sie wohl
ich hab meine Sorgen
aber ich schweig davon
denn wer glaubt sie schon?
Man geht einen steilen Pfad.
Und man war einmal Herr Kommerzienrat
und man fragt wie von Anbeginn
wohin, wohin, wohin?

Ich kann diese Gelegenheit nicht vorübergehen lassen, ohne auf eine Eigenart der Gesellschaft besonders in deutschsprachigen Ländern aufmerksam zu machen, deren Opfer alte Menschen werden. Ich meine, daß wir nämlich noch immer streng hierarchisch strukturiert sind und dementsprechend leben. Die Rangordnung des Hühnerhofes haben wir schon in der Kindheit gelernt, wir wissen dann ein Leben lang, vor wem wir mit bedingungslosem, ja vorauseilendem Gehorsam zu buckeln haben und wen wir „treten dürfen". Und je mehr wir gegenüber einem „Oberen" servil gewesen sind, desto mehr rächen wir uns dann an ihm, wenn er seine Macht einbüßte. Ich bin überzeugt, daß dieser Mechanismus bei unserer Verachtung und Rücksichtslosigkeit, die wir oft alten Menschen gegenüber zeigen, nachdem sie ihre Position verloren haben, eine wesentliche Rolle spielt.

Jedenfalls scheint es verständlich, daß in den so behandelten alten Menschen ein abgrundtiefer Haß gegen alle (und alles), die sie im Stich gelassen haben, entsteht. Dieser wird dann mangels anderer Möglichkeiten gegen die eigene Person gewendet. Das hat zur Folge, daß fast alle Selbstmordhandlungen alter Menschen tödlich enden. Während nur 15,6 Prozent der Selbstmordhandlungen von Zwanzigjährigen tödlich ausgehen, sind es 81,2 Prozent bei den Siebzigjährigen.

Es ist nicht unsere Aufgabe, einen Menschen um jeden Preis am Leben zu halten. Aber es ist unser aller Aufgabe, ihn bei der Hand zu nehmen, ihm Beistand zu leisten, ihm nützliche Dinge anzubieten, zu versuchen, seine Situation zu verbessern auf allen Gebieten, medizinisch, psychologisch, sozial, philosophisch, religiös, mitmenschlich, mit anderen Worten, ihm das Dasein erträglicher zu machen, so daß er trotz allem wieder „ja zum Leben sagt". Aber wenn uns das nicht gelingt, erlischt unsere Erlaubnis, möchte ich sagen. Da haben wir in Demut zur Kenntnis zu nehmen, daß wir schwache Menschen sind und wir die letzte Entscheidung über Leben und Tod jedem einzelnen überlassen müssen. – Viele alte Menschen wiederum sprechen vom Tod wie von einer Erlösung und glauben fast, daß der Tod das Schönste ist, das man bekommen kann. Es ist mitunter geradezu eine Todesverherrlichung und Todesverliebtheit in ihnen, und doch hören sie noch in ihrem Inneren die Botschaft aus den „Bremer

Stadtmusikanten": „Zieh lieber mit uns fort, etwas Besseres als den Tod findest du überall." Sie wollen daher im Grunde leben und fürchten den Tod, besser gesagt das Sterben. Und damit finde ich wie von selbst den Übergang zum nächsten Abschnitt.

F. Sterben und Tod

Der Tod hat zu allen Zeiten zu den bestverdrängten Dingen gehört. Wenn auch heute vom Tod schon mehr gesprochen wird als früher, so hebt auch dieses bloße Gerede die Verdrängung nicht auf, denn der Tod wird dabei, wie z. B. in den Wiener Liedern, verharmlost und verzeichnet. Man sieht die Todesverdrängung auch an unserer höchst reduzierten Beziehung zu den Toten, denen wir möglichst aus dem Wege gehen wollen. Wir haben zuerst den Tod auf einen Monat (November) und schließlich sogar auf einen Tag reduziert, bei uns im allgemeinen Allerseelen, anderswo Totensonntag. Auch daß es in der Welt noch immer die Todesstrafe gibt, kann nur so erklärt werden, daß niemand bereit ist, die ganze Bedeutung des Todes zu erfassen.

Nun möchte ich zeigen, daß die Verdrängung des Todes, wie jede andere auch, mit schlimmen stellvertretenden Symptomen bezahlt wird, vielleicht sogar mit Symptomen, die schlimmer sind, als wenn wir bereit wären, uns mit dem Tod auf bewußter Ebene wirklich auseinanderzusetzen.

An erster Stelle ist hier die irrationale Angst zu nennen, die mit realer Angst, wie sie in lebensbedrohlichen Situationen und als Schutzmechanismus täglich unbedingt notwendig ist, nichts zu tun hat. Jedes verdrängte Gefühl zeigt, wie wir von Freud her wissen, die Tendenz, wieder ins Bewußtsein einzudringen, und bedroht damit die Intaktheit der Person (sonst hätte ja seine Wegschiebung nicht stattfinden müssen), worauf diese mit massiver, verstandesmäßig nicht erklärbarer Angst reagiert. Typisch ist dabei aber auch, daß der Leidende keinen Zusammenhang zwischen seiner Angst und ihrem verursachenden Faktor herstellen kann, weil ihm ja letzterer durch die Verdrängung unbekannt wurde. So geschieht es auch bei der Verdrängung des Todes. Der verdrängte „Gast" dringt, als Angst verkleidet, wieder in unser Bewußtsein ein, oft läßt sich dabei auch erleben, daß dem Ausbruch der Symptome das Ableben eines nahestehenden Menschen vorausgegangen ist (durch das wir also doch, mehr als wir zugeben wollen, an die eigene Sterblichkeit gemahnt werden). Ein anderer Symptomkomplex, der auf die Verdrängung des Todes zurückgeht, besteht in ausgeprägten hypochondrischen Beschwerden und Ideen, in denen auch Symptome von verstorbenen Angehörigen, Freunden usw. nachgeahmt werden (Identifizierung – besonders wenn dem Toten gegenüber zwiespältige Gefühle bestanden haben). Wenn man diese Patienten befragt, ob sie sich mit dem eigenen Tod bewußt beschäftigt haben, hört man gewöhnlich ein entschiedenes Nein. Wir haben schon mehrmals betont, daß gerade alte Menschen zu wiederholten Malen äußerst leidvoll auf ihre Körper aufmerksam gemacht werden. Es ist daher klar, daß sie auf die Verdrängung des Todes besonders leicht hypochondrisch reagieren werden.

Schließlich ist auf den Zusammenhang bestimmter Schlafstörungen (verzögertes Einschlafen, Etappenschlaf, gehäufte Träume mit Todesangst) mit verdrängter Todesproblematik hingewiesen worden. Nicht zufällig gilt der Schlaf als Bruder des Todes, als ein „kleiner Tod": Da wie dort verlieren wir das Bewußtsein und geben uns etwas Dunklem, Unbekanntem in die Hand. Schlafenkönnen hat daher in gewissem Sinne auch Vertrauen zur Umgebung und Gefaßtsein auf den Tod zur Voraussetzung.

Der alte Mensch bezahlt aber die Verdrängung des Todes nicht nur mit jenen *unangenehmen* Symptomen, die bisher erwähnt wurden, sondern mit einem *lebensgefährlichen.* Wer sich von der Zukunft abwendet, weil er den Tod nicht zu akzeptieren gelernt hat, der steht schon im Vorzimmer des Todes. Menschliches Leben ist nur so lange möglich, als man zukunftsbezogen ist, positive Ziele hat und damit einen kostbaren Begriff sich bewahrt, der der eigentliche lebenserhaltende ist: die Hoffnung. Wo sie verlorengegangen ist, wird Leben zum Vegetieren und Vegetieren zum Tode. Wie schon gezeigt, führt Hoffnungslosigkeit über den Weg der „psychosomatischen Dekompensation“ (Abschnitt C) zum Erliegen unserer Widerstandskraft, man könnte sagen, eine Art „seelische Aidskrankheit“, ganz ohne irgendein Virus. Mit anderen Worten, Menschen, deren Todesangst so groß ist, daß sie diesem Problem mit verbissener Kraft auszuweichen versuchen, erzeugen gerade durch diese unbewältigte Todesangst ihren eigenen Tod.

Was kann dagegen unternommen werden? Ich glaube, einiges, wobei ich aber doch betonen möchte, daß eine gewisse Todesangst ein selbstverständliches kreatürliches Verhalten ist, vor dessen unwillkürlichem Auftreten *niemand* gefeit ist.

Anton Wildgans hat gedichtet:

Ich denke dich an jedem Tage, Tod.
Seitdem ich dich in Knabennächten fühlte
und nah dein Hauch mir fast das Herz verkühlte,
bist du mir weder Schauer mehr noch Not.

Ich wage nicht, jedem Menschen zu raten, täglich an den Tod zu denken, aber eine bewußte Auseinandersetzung mit ihm könnte für uns eine bedeutende Reduktion der Todesangst bewirken. Sigmund Freud meinte: „Bevor Leben war, war das Unbelebte, und der belebte Mensch hat demgemäß den Wunsch, irgendeinmal in den unbelebten Zustand zurückzukehren.“ Und in der Tat: Der Tod ist das ersehnte Ziel unseres Lebens; natürlich nicht heute, nicht morgen, aber irgendeinmal schon. Wenn man uns sagen würde, du darfst ewig auf dieser Welt wandeln, dann würden wir alsobald dieses *Dürfen* als ein *Müssen* empfinden und würden alle möglichen Anstrengungen unternehmen, um die Unsterblichkeit, nach der wir uns angeblich so sehr sehnen, loszuwerden. In all unseren Sagen sind die Verdammten diejenigen, die ruhelos auf der Erde umherwandeln müssen, ohne sterben zu können.

Diesen Tatbestand finden wir schon in den „Nachtwachen des Bonaventura" großartig dargestellt: „Aus diesem Widerspruch ist ja der Mensch geschaffen, er liebt das Leben um des Todes willen, und er würde es hassen, wenn das, was er fürchtet, von ihm verschwunden wäre."

Seneca hat gesagt: „Warum sollte ich den Tod fürchten? Solange ich am Leben bin, bin ich nicht tot, und wenn ich tot bin, weiß ich nichts mehr von mir."

Jaspers, der Philosoph und Psychiater zugleich war, beschreibt den Unterschied zwischen Wissen und Empfinden wie folgt: „Der Tod ist etwas Unvorstellbares, etwas eigentlich Undenkbares, was wir bei ihm denken, sind nur Negationen, sind nie Positivitäten. Unser allgemeines Wissen vom Tode und unsere erlebte Beziehung zu ihm sind ganz verschiedene Dinge."

Dieses unser Todesverständnis könnte man vielleicht mit dem Wort Alfred Adlers subsummieren: „Der Mensch weiß mehr, als er versteht."

Ich muß es den Lesern überlassen, zu beurteilen, wieweit diese Gedanken, die ich hier angeführt habe (und noch viele andere ließen sich hinzufügen), ihnen geeignet erscheinen, die Todesangst zu reduzieren. Aber eines steht für mich fest, daß sie sicherlich helfen können, uns mit dem Tod auf der bewußten Ebene zu beschäftigen, und das allein schon sollte für uns alle im Grunde eine wesentliche Erleichterung bedeuten. Auch hier gilt der Satz: Auseinandersetzen ist tausendmal besser als Verdrängen.

Lassen Sie mich diesen Gedankenkomplex mit einem Gedicht von Carl Zuckmayer zum Abschluß bringen, dem der Dichter den Titel „Vergängliche Liebe" gegeben hat. Ich würde es eher Annahme, Akzeptanz der Vergänglichkeit nennen.

Das kleine Mal in deiner Schenkelbeuge
ist mir so nah vertraut,
als wär ich deines Lebens erster Zeuge
und hätt als nacktes Kindlein dich erschaut.
Noch fühl ich traumbeschneit in seligen Händen
das Schauern deiner Haut –
und weiß, eh sich die Wintersterne wenden,
ist es wie Schnee gestaut.

Klopft Herz an Herz und stammelt Mund bei Munde
den Schwur der Ewigkeit –
tropft schon das Blut aus jener süßen Wunde
der zubemeßnen Zeit.
So leer den Becher bis zum bittren Grunde
und mach dem Schmerz dich wie der Lust bereit,

noch in dem Sturz der letzten Liebesstunde
sei du, Vergängnis, hochgebenedeit.

Ich habe es auswendig gelernt, so sehr bewegt es mich.

Geht es Ihnen ebenso?

Was nun den Zeitpunkt unseres Todes betrifft, so sollten wir wünschen, ihn dann zu empfangen, wenn wir – dieses Wort kommt im Alten Testament im Zusammenhang mit Abraham vor – lebenssatt geworden sind. Abraham sagt: „Ich bin lebenssatt“, nicht lebensüberdrüssig, sondern satt, gesättigt mit Leben. Rainer Maria Rilke meint: „Wir selber sind die Schale und das Blatt, der große Tod, das ist die Frucht, die jeder in sich hat.“ Hiermit ist ein wunderbarer Vergleich angeboten, der Tod als Frucht und die Bitte, daß diese Frucht gepflückt werde, erst wenn sie reif ist.

Nun gibt es Menschen, die sagen, ich fürchte ja den Tod gar nicht, was ich aber fürchte, ist das Sterben. Curd Jürgens hat gemeint: „Wünsch dir nicht, lange zu leben, wünsche dir, kurz zu sterben.“ Ich würde es anders ausdrücken: „Wünsch dir, so lange zu leben, bis du ausgereift bist (wenn die Wohnung fertig ist, kommt der Tod), und wünsche dir, *gut* zu sterben.“

Jean Améry behauptet in seinem Buch „Hand an sich legen“: „Leben bedeutet, schrecklich sterben zu müssen. Der Kontrahent, wenn er sagt, es sei das Leben zum Tod absurd, es erwecke Ekel in seiner Lügen-Opazität, die Todesneigung sei die einzige Haltung, die der Seinslast gemäß sei – er ist in besserer Position als der Mann Gottes und des Absoluten. Er wartet ergeben, bis der Schnitter kommt, in irgendeiner von den vielen ganz abscheulichen und unzumutbaren Gestalten, in denen sich zu verkörpern ihm gerade beliebt. Aber die Gehirnerweichung, an deren Ende die Lähmung des Respirationszentrums steht? Aber der Krebs, dessen Metastasen das Leben als Reizwucherung des Seins greifbar und in gräßlichen Schmerzen fühlbar machen? Aber der Streik der Nieren, der nur gebrochen werden kann von streikbrecherischen Geräten, so daß ein atmender Kadaver auf einem Hospitalsbett liegt und röchelt?" Der Mensch sei mit einem KZ-Häftling zu vergleichen, dazu verurteilt, sich alles gefallen zu lassen, der es aber dennoch nicht wagt, in den elektrisch geladenen Draht zu laufen. Dieser Vergleich ist schrecklich und zugleich ein Beweis dafür, daß jede Philosophie (denn Améry war Philosoph) von persönlichen Erfahrungen determiniert ist. Améry – und schon deswegen gebührt ihm als Person besondere Hochachtung – war Opfer der nationalsozialistischen Verfolgung, wurde selbst gefoltert, aber berechtigt das dazu, eine entsetzliche Extremsituation, der Phantasie perverser Sadisten entsprungen, zum allgemeinen Modell menschlicher Existenz zu machen? Welchen Sinn hätte es dann gehabt, zur Beseitigung dieses Unheils die Kräfte der ganzen Welt zu mobilisieren, wenn das Leben an sich nichts anderes bliebe als ein Aufenthalt in Konzentrationslagern? Nein, dieses Bild scheint mir wesentlich überzeichnet.

Aber es ist für mich dennoch Anlaß, hier eine entscheidende Bemerkung zu machen, nämlich, daß es eine grundlegende ärztliche Verpflichtung darstellt, das Sterben erträglicher zu machen, als es im gegenwärtigen Zeitpunkt geschieht. Ich muß somit eine Anklage gegen jenen Stand erheben, den ich selber vertrete: den ärztlichen. Wir haben bisher zu wenig unternommen, um ein menschliches Sterben zu gewährleisten.

Früher sind achtzig Prozent der Menschen zu Hause gestorben, behütet von ihrer oft großen Familie. Sie haben mitunter sogar das Sterben zelebriert, und zwar im guten, nicht theatralischen Sinn. Sie haben ihre letzten Anordnungen getroffen, haben noch einmal ihren Kindern den Sinn ihres Lebens zu vermitteln versucht und haben ihre letzten Worte gesprochen. Das war einmal.

Jetzt sterben achtzig Prozent der Menschen im Spital, und die Spitäler sind durch diese neue Situation überfordert. Sie sterben dort schlecht und schwer. Ich habe einmal bei einer Tagung der Van-Swieten-Gesellschaft, und zwar auf der jährlichen Hauptversammlung aller Ärzte Wiens, zum großen Mißfallen meiner Kollegen gesagt: „Ich möchte nicht so sterben, wie wir unsere Patienten sterben lassen." Wir lassen sie nämlich in Einsamkeit sterben. Trennungsangst ist eine der schlimmsten Ängste, die es gibt. Wie denn erst die letzte Trennungsangst, dieses: Jetzt muß ich alles und alle verlassen. Die Franzosen sagen: Jeder Abschied ist ein kleiner Tod. Der letzte Abschied bedeutet, ich muß alles hinter mir lassen und gehe in ein unbekanntes Land allein. Aus der Schrecklichkeit dieser Ängste ergibt sich die wichtigste Verpflichtung, daß wir den Patienten nicht einsam sterben lassen.

Was aber geschieht in den Spitälern? Die Sterbenden werden in eigene Zimmer ausgesondert, oft auf den Gang geschoben, oft im Badezimmer abgestellt. In diesem Zusammenhang bin ich auch gegen Sterbekliniken, die erstens einmal gewöhnlich nur reichen Menschen zur Verfügung stehen und zweitens wieder eine Aussonderung bedeuten, wenn auch unter günstigeren Umständen. Die Gettoisierung in unseren Spitälern bedeutet ja gewöhnlich, daß kein Angehöriger beim Sterben anwesend sein kann. Ungezählte Beschwerden liegen vor, weil engste Verwandte gerade im kritischen Moment weggeschickt beziehungsweise viel zu spät vom bevorstehenden Tod verständigt werden, so daß sie einfach zu spät kommen müssen. Viele Menschen bleiben mit einer kaum sich schließenden Wunde zurück: Ich bin nicht dabeigewesen, ich konnte ihm nicht mehr die Hand halten usw.

Warum verhält sich das Pflegepersonal so? Mag sein, daß es glaubt, dem Angehörigen den schrecklichen Anblick ersparen zu müssen. Mag sein, daß ihnen der tragische Ausgang peinlich ist. Mag auch sein, daß sie fürchten, daß der Angehörige einen zu großen Einblick in die innere Struktur des Spitals gewinnen könnte (das geht die Fremden nichts an!). Welches Motiv auch immer das maßgebende ist, das daraus resultierende Verhalten ist grundfalsch und sollte schleunigst geändert werden.

Dies bedeutet einen schlimmen Schmerz für die Hinterbliebenen, aber wir müssen uns noch viel mehr fragen, was es für den Sterbenden selbst bedeutet: wohl das Gefühl vollständiger Verlassenheit. Was der Sterbende braucht, ist die Tröstung. Daß sie eine Verpflichtung aller Menschen ist, die mit Kranken beruflich zu tun haben, geht schon aus der Inschrift hervor, die Kaiser Joseph II. 1778 am neuen Allgemeinen Krankenhaus anbringen ließ: „Der Heilung und der Tröstung der Kranken". Die Tröstung beginnt mit dem Gespräch, und es ist sehr wichtig, in diesem Zusammenhang daran zu erinnern, daß 70 Prozent aller Sterbenden bis 24 Stunden vor dem Tod noch voll ansprechbar sind, manche auch länger. Deshalb muß man bei ihnen sein, für sie dasein, mit ihnen reden und ihnen helfen, diesen letzten schweren Weg zu gehen. Kübler-Ross hat fünf Stadien des Sterbevorganges differenziert: nicht Wahrhabenwollen, zornige Auflehnung, Verhandeln, Depression, schließlich Zustimmung.

Wer wollte da zweifeln, daß das Wort das entscheidende Kommunikationsmittel bleibt, um all diese fünf Stadien so gut als möglich zu bewältigen und Entängstigung zu ermöglichen. „Wer wird bei mir der Letzte sein", fragt Wildgans. Man kann nur hoffen: der mir nahestehendste (im doppelten Sinne des Wortes) Mensch.

Eine zweite Form des Trostes ist die Linderung von Schmerzen. Die schmerzstillenden Mittel und die Psychopharmaka sind nicht erfunden worden, um sie dem Menschen in seiner schwersten Stunde zu verweigern; dies zu tun, wäre ein Akt der Unmenschlichkeit. Natürlich ist der Grenzstrich zwischen notwendiger Linderung des Sterbeprozesses und seiner Beschleunigung schmal, Hilfe beim Sterben sollte sicherlich nicht Hilfe zum Sterben werden. Hier muß jeder Arzt sich nach seinem eigenen Gewissen entscheiden. Kein Gesetz wird ihm diese Verantwortung abnehmen können. (Ich z. B. kann Max Schur nicht verurteilen, der aufgrund einer langen Freundschaft mit Sigmund Freud diesem die Erhöhung der Morphiumdosis nicht verweigerte, als Freud das vereinbarte Losungswort: „Es ist soweit" sprach – Freud ist dann leicht und sanft entschlafen.)

Schließlich gehört es zur Tröstung, daß der Sterbende in die Gemeinschaft des Spitals, die der früheren Großfamilie vergleichbar ist, eingebettet wird. Zu dieser Familie zählen Ärzte, Pflegepersonal und Seelsorger (ihn erst zur „Letzten Ölung" zu rufen, ist eine doppelte Niedertracht, nämlich eine gegenüber dem Patienten, der dann vielleicht in eine ungeheure Angst gerät, und eine andere gegenüber dem Seelsorger, denn er wird damit zum „Todesengel" degradiert). Ich zweifle keinen Moment daran, daß ein solches verändertes trostreiches ärztliches Verhalten einen wesentlichen Beitrag dazu leisten könnte, die Sterbeangst von vielen Menschen bedeutend zu reduzieren und damit eine Hilfe zu leisten für eine viel besser gelingende Altersadaptation.

Es gibt jetzt eine Bewegung in vielen Ländern, die sich „Exit“ nennt und den Menschen sagt: Ich kann dir ein qualvolles Sterben ersparen, indem ich dir die Möglichkeit verschaffe, es durch Selbstmord zu beenden. Ich wäre persönlich freilich der letzte, der bereit wäre, einem Menschen etwas zu geben, womit er sich umbringen kann (wobei ich mich aber heimlich frage, ob ich es nicht vielleicht doch tun könnte im Falle einer besonders innigen Beziehung und bei anhaltenden intensiven Bitten des/der Betreffenden?!), aber umgekehrt gebe ich zur Entschuldigung der Exit-Bewegung folgendes zu bemerken: Daß sie groß werden konnte, ist größtenteils uns Ärzten zuzuschreiben. Daher sollte man den Gegner nicht in der Exit-Bewegung suchen, sondern man sollte ihn in uns selber sehen, denn wir Ärzte haben bis zum heutigen Tag nicht für ein menschenwürdiges Sterben gesorgt.

Womit ich bei der wesentlichen Frage angekommen bin: Warum verhalten sich die Ärzte so? Sicherlich gibt es mehrere Gründe, zwei scheinen mir besonders wichtig. Der Sterbende wird von vielen Ärzten als eine Bloßstellung seiner Kunst erlebt, denn die Studenten wurden jahrzehntelang zu einem Gefühl der Omnipotenz erzogen: Der Arzt kann alles. Wenn somit ein Patient stirbt, so hat man als Arzt versagt.

Zweitens glaubt der Arzt, daß er bei einem Sterbenden ja doch nichts mehr machen kann, denn das Leben kann er ihm ja nicht bewahren. Wenn er aber so denkt, übersieht er ein wichtiges Prinzip, das Herbert Zand in die Worte gekleidet hat: Der Arzt ist Hoffnung, oder er ist es nicht. Und dieser Satz sollte so ergänzt werden: Und wenn es nichts anderes ist als die Hoffnung auf ein leichteres Hinübergleiten, so ist das schon einiges. Es gibt auch Ärzte, die jedem Sterbenden deswegen ausweichen, weil er sie an ihren eigenen Tod gemahnt. Ja, man möchte es bei diesem Beruf kaum glauben, aber es ist dennoch so: Auch Mediziner, ja oft gerade sie, können den Tod verdrängen.

Infolge dieser drei Fehlbeurteilungen weicht der Arzt entweder dem Sterbenden aus, die Visite macht um ihn einen Bogen, oder aber er wird an Apparate angeschlossen, die mitunter Leben dort noch vortäuschen, wo in Wirklichkeit keines mehr vorhanden ist.

Ich kann diesen Punkt nicht abschließen, ohne darauf hinzuweisen, daß sich jetzt erfreulicherweise allmählich eine Änderung des Verhaltens gegenüber den Sterbenden abzuzeichnen beginnt. Zum Beispiel hat Werner Wantschura unter dem etwas rührseligen Titel „Sag zum Abschied leise servus“ ein Buch über dieses wichtige Thema geschrieben. Rundfunk und Fernsehen nehmen sich ebenfalls dieser Problematik an, auf ärztlichen Kongressen wird das Problem auf interdisziplinärer Basis diskutiert, und in einzelnen Spitälern wird bereits auf Teamebene eine andere Form der Sterbebetreuung konkret versucht. Wir alle haben also vielleicht berechtigte Hoffnung, selbst im Spital (aber wenn irgend möglich doch zu Hause) in Würde uns von der Welt zu verabschieden.

Außer Zweifel steht aber, daß das Problem von Sterben und Tod auch wesentlich von der Antwort auf die Frage abhängig ist: Was geschieht nach dem Tod? Die einen glauben, es ist alles zu Ende, die anderen meinen, daß dann erst alles beginnt. Knut Hamsun zum Beispiel, einer meiner liebsten Dichter, hat mit apodiktischer Sicherheit am Ende seines Lebens gedichtet:

> War auch für mich heute der letzte Tag
> mit Menschen, Erde und Abendrot
> und tickt mir mein Herz den letzten Schlag
> zum Abschied von allem, sei's, wie es mag,
> nichts endet je mit dem Tod.

Ich persönlich bin ein durch und durch gläubiger Katholik und meine schon, daß mein fester Glaube an die Unsterblichkeit der Seele und an die Auferstehung Christi eine Rolle spielt bei meiner individuellen Auseinandersetzung mit dem Sterben. Ich würde es aber mit allem Nachdruck ablehnen, deswegen zu sagen: Du mußt Christ werden, damit du mit dem Problem des Sterbens und des Todes besser fertig wirst. In meinen Augen wäre das auf der einen Seite ein Mißbrauch der Religion und auf der anderen Seite eine Herabsetzung der sogenannten Ungläubigen. Ich meine, daß jeder Mensch sogar hier, auf dieser Erde, seinen Tod im gewissen Sinne überleben kann. Dies wird uns gelingen, wenn wir um mehr Werte bemüht sind, die über uns hinaus dauern. Dieser Satz gilt meiner Meinung nach für jeden, auch für den durchschnittlichsten, bescheidensten Menschen, für den wiederholt zitierten „Mann der Straße", wenn er sich bemüht, eine goldene Spur, wie ich das nenne, zurückzulassen. Bertolt Brecht hat gesagt: „Gedenket unsrer mit Nachsicht." Wir sollten uns bemühen, solange wir leben, uns so zu verhalten, daß es Menschen gibt, die unser mit Dankbarkeit und guter Erinnerung gedenken und die durch Worte und Taten unsere Existenz auf der Erde zumindestens eine Zeitlang aufrechterhalten.

Nun komme ich zum Schluß dieses Themas, und diesen möchte ich mit Eugen Drewermann gestalten, dem Kleriker, der so tapfer gegen viele Mißstände in der Kirche kämpft (wenn ich auf diesem Gebiete nicht mit allen seinen Thesen übereinstimme), der aber „daneben" als Psychoanalytiker eine Deutung vor allem der Grimmschen Märchen durchgeführt hat, die mich zutiefst bewegt. Ich bilde mir ein, daß ich kein phantasiearmer Mensch bin, aber nie im Leben wäre ich bei all meiner Vorstellungsbereitschaft auf diese grandiosen Erklärungen gekommen, die hier Drewermann vornimmt und die mir – freilich leider erst im nachhinein – die einzig mögliche Ausdeutung eines bestimmten Märchens zu sein scheinen, so daß man sich gleichsam empört fragt: Warum bist du da nicht selber draufgekommen?

In diesem Sinne möchte ich in kurzer Form wiedergeben, wie Drewermann das Märchen „Fundevogel" als eines der letzten Märchen der Grimmschen Sammlung deutet; zuerst den Text der Geschichte.

Es war einmal ein Förster, der ging in den Wald auf die Jagd, und wie er in den Wald kam, hörte er schreien, als ob's ein kleines Kind wäre. Er ging dem Schreien nach und kam endlich zu einem hohen Baum, und oben darauf saß ein kleines Kind. Es war aber die Mutter mit dem Kinde unter dem Baum eingeschlafen, und ein Raubvogel hatte das Kind in ihrem Schoße gesehen; da war er hinzugeflogen, hatte es mit seinem Schnabel weggenommen und auf den hohen Baum gesetzt.
Der Förster stieg hinauf, holte das Kind herunter und dachte: Du willst das Kind mit nach Hause nehmen und mit deinem Lenchen zusammen aufziehn. – Er brachte es also heim, und die zwei Kinder wuchsen miteinander auf. Das aber, das auf dem Baum gefunden worden war, weil es ein Vogel weggetragen hatte, wurde Fundevogel geheißen. Fundevogel und Lenchen hatten sich so lieb, daß wenn eins das andere nicht sah, es traurig ward.

Der Förster hatte aber eine alte Köchin, die nahm eines Abends zwei Eimer und fing an, Wasser zu schleppen, und ging nicht einmal, sondern viele Male hinaus an den Brunnen. Lenchen sah es und sprach: „Hör einmal, alte Sanne, was trägst du denn so viel Wasser zu?" – „Wenn du's keinem Menschen wiedersagen willst, so will ich dir's wohl sagen." Da sagte Lenchen, nein, sie wollte es keinem Menschen wiedersagen, so sprach die Köchin: „Morgen früh, wenn der Förster auf der Jagd ist, da koche ich das Wasser, und wenn's im Kessel siedet, werfe ich den Fundevogel 'nein und will ihn darin kochen."

Des andern Morgens in aller Frühe stand der Förster auf und ging auf die Jagd, und als er weg war, lagen die Kinder noch im Bett. Da sprach Lenchen zum Fundevogel: „Verläßt du mich nicht, so verlass' ich dich auch nicht." So sprach der Fundevogel: „Nun und nimmermehr." Da sprach Lenchen: „Ich will es dir nur sagen, die alte Sanne schleppte gestern abend so viel Eimer Wasser ins Haus, da fragte ich sie, warum sie das täte, so sagte sie, wenn ich's keinem Menschen sagen wollte, so wollte sie es mir wohl sagen; sprach ich, ich wollte es gewiß keinem Menschen sagen; da sagte sie, morgen früh, wenn der Vater auf der Jagd wäre, wollte sie den Kessel voll Wasser sieden, dich hineinwerfen und kochen. Wir wollen aber geschwind aufstehen, uns anziehen und zusammen fortgehen."

Also standen die beiden Kinder auf, zogen sich geschwind an und gingen fort. Wie nun das Wasser im Kessel kochte, ging die Köchin in die Schlafkammer, wollte den Fundevogel holen und ihn hineinwerfen.

Aber als sie hineinkam und zu den Betten trat, waren die Kinder alle beide fort; da wurde ihr grausam angst, und sie sprach vor sich: „Was will ich nun sagen, wenn der Förster heimkommt und sieht, daß die Kinder weg sind? Geschwind hintennach, daß wir sie wiederkriegen."

Da schickte die Köchin drei Knechte nach, die sollten laufen und die Kinder einfangen. Die Kinder aber saßen vor dem Wald, und als sie die drei Knechte von weitem laufen sahen, sprach Lenchen zum Fundevogel: „Verläßt du mich nicht, so verlass' ich dich auch nicht." So sprach Fundevogel: „Nun und nimmermehr." Da sagte Lenchen: „Werde du zum Rosenstöckchen und ich zum Röschen darauf." Wie nun die drei Knechte vor den Wald kamen, so war nichts da als ein Rosenstrauch und ein Röschen obendrauf, die Kinder aber nirgend. Da sprachen sie: „Hier ist nichts zu machen" und gingen heim und sagten der Köchin, sie hätten nichts in der Welt gesehen als nur ein Rosenstöckchen und ein Röschen obendrauf. Da schalt die alte Köchin: „Ihr Einfaltspinsel, ihr hättet das Rosenstöckchen sollen entzweischneiden und das Röschen abbrechen und mit nach Haus bringen, geschwind und tut's." Sie mußten also zum zweitenmal hinaus und suchen. Die Kinder sahen sie aber von weitem kommen. Da sprach Lenchen: „Fundevogel, verläßt du mich nicht, so verlass' ich dich auch nicht." Fundevogel sagte: „Nun und nimmermehr." Sprach Lenchen: „So werde du eine Kirche und ich die Krone darin." Wie nun die drei Knechte dahinkamen, war nichts da als eine Kirche und eine Krone darin. Sie sprachen also zueinander: „Was sollen wir hier machen, laßt uns nach Hause gehen." Wie sie nach Haus kamen, fragte die Köchin, ob sie nichts gefunden hätten. So sagten sie: nein, sie hätten nichts gefunden als eine Kirche, da wäre eine Krone darin gewesen. „Ihr Narren", schalt die Köchin, „warum habt ihr nicht die Kirche zerbrochen und die Krone mit heimgebracht?" Nun machte sich die alte Köchin selbst auf die Beine und ging mit den drei Knechten den Kindern nach. Die Kinder sahen aber die drei Knechte von weitem kommen, und die Köchin wackelte hintennach. Da sprach Lenchen: „Fundevogel, verläßt du mich nicht, so verlass' ich dich auch nicht." Da sprach der Fundevogel: „Nun und nimmermehr." Sprach Lenchen: „Werde zum Teich und ich die Ente darauf." Die Köchin aber kam herzu, und als sie den Teich sah, legte sie sich drüberhin und wollte ihn aussaufen. Aber die Ente kam schnell geschwommen, faßte sie mit ihrem Schnabel beim Kopf und zog sie ins Wasser hinein; da mußte die alte Hexe ertrinken. Da gingen die Kinder zusammen nach Haus und waren herzlich froh; und wenn sie nicht gestorben sind, leben sie noch.

Für Drewermann sind der Fundevogel und das Lenchen eine Person, der Fundevogel vertritt dabei den Verstand und das Bewußte, das Lenchen das Gefühl und das Unbewußte. Solange die beiden zusammenhalten, kann ihnen nichts geschehen. Das gesamte menschliche Leben besteht nach dieser Deutung in nichts anderem, als der fressenden „Köchin" Tod zu entfliehen – wohl wahr.

Doch immer wieder werden die „Knechte" der

„Köchin", werden die Häscher des Todes uns einholen und das Leben in Frage stellen. Alles hängt mithin davon ab, sich Lebensabschnitt für Lebensabschnitt zu wandeln, indem man vor der entscheidenden Herausforderung des Todes nicht mehr länger wegläuft, sondern innehält und innerlich die Antwort zu geben versucht, die jeweils an der Stelle des bisherigen Lebensweges möglich und notwendig ist. So zu Beginn die Antwort der Jugend: Es ist die unmittelbarste, fröhlichste und heiterste Reaktion auf die Nähe des Todes, sich seinen Augen zu entziehen in dem Blühen und Reifen jugendlicher Schönheit. Wir würden früh schon ersterben ohne den unbekümmerten Mut der Jugend, sich so vital und intensiv wie möglich dem Leben anheimzugeben. Keine erklügelte, vom Ich überlegte, willentlich vorgesetzte „Maßnahme" ist hier zu treffen – es ist bezeichnenderweise das „Lenchen", das eigene Unbewußte, das spontan das Richtige findet: Leben! So üppig und innig, als es nur geht! Es gilt, sich mit der Erde zu verwurzeln und das Wachstum der Blumen zum Vorbild zu nehmen. Es kommt darauf an, einfach zu sein und die Kräfte im Inneren sich entfalten zu lassen, bis die Gestalt in uns heranreift, zu der wir berufen sind. Würden die beiden „Kinder" aber auch nur um ein weniges zu lange in ihrer Verwandlungsgestalt von Rosenstock und Rose verharren, so müßte die baldige Rückkehr der Todesboten ihnen zur größten Gefahr werden: Stillstand, so lernen wir, ist in sich selbst etwas Tödliches; im Leben, anders gesagt, gibt es kein zweites Mal.

Leben, das heißt sich aufmachen und weitergehen, immer weiter, zu neuen Gestaltungen und Reifungsverwandlungen, wie sie bislang noch nicht einmal vorstellbar waren. Leben, das ist der ständige Aufbruch, die unaufhörliche Änderung, das Annehmen immer neuer Formen, so überraschend, daß es von außen selbst für die „Knechte" des Todes nicht wiederzuerkennen ist. Immer zu spät kommt der Tod nur dem sich Wandelnden. Eine große Gefahr aber liegt bereits darin, daß eine Stufe der Wandlung, gerade weil sie sich eben noch als nützlich und erfolgreich erweisen mochte, selber so lange sich zu erhalten sucht wie möglich. Alle gegenwärtigen Religionsformen zum Beispiel leiden unter der zunehmend unbezahlbaren Hypothek ihrer nur allzu erfolgreichen Vergangenheit, indem sie, wie etwa der Katholizismus, selbst gegen Ende des 20. Jahrhunderts strukturell immer noch tief in der Glanzzeit des Mittelalters verwurzelt sind, und ähnliches ließe sich sagen vom Hinduismus, vom Islam, vom Buddhismus. Es ist so schwer, etwas aufzugeben, das ersichtlich so schön und reich (gewesen) ist; und doch muß es geschehen, wenn das Leben weitergehen soll. Wenn die Boten des Todes von neuem zurückkehren, so müssen sie einer neuen, ihnen unbekannten Gestalt begegnen, oder sie werden den furchtbaren Befehl der „Köchin" unerbittlich ausführen.

Es ist möglich und angesichts des Todes offenbar unbedingt nötig, in dieser zweiten Verwandlung in der Mitte des Lebens wie eine gotische Kathedrale zu werden: mächtig in der gesamten Erstreckung von Längsschiff und Querschiff auf der Erde zu ruhen und doch mit den Türmen zum Himmel zu streben und die Sterne zu streifen; es ist möglich und nötig, die Wände zur Welt so stabil und fest zu machen, daß sie den Jahrhunderten trotzen, und doch so durchlässig und zart, daß sie in den Rosetten und Bogenfenstern in dem flimmernden Glassturz aus Farbe und Licht den Schimmer der Ewigkeit hindurchfließen lassen, auf daß er das ganze Innere mit seiner Verheißung durchflute und die ersten Bilder einer unendlichen Sehnsucht und Ahnung von einer anderen Welt vor unseren Augen sichtbar mache. Was ist der Tod, wenn unser Leben solch ein Gebilde zu werden vermag, in dem der tote Stein durchlässig wird zum Licht und zwischen Festigkeit und Klarheit, zwischen Konsistenz und Transzendenz, zwischen Erdverbundenheit und Himmelsheimkehr kein Gegensatz mehr ist? Und die „Krone“, in die das „Lenchen“ sich wandelt!

Man muß zum Verständnis dieses Bildes etwa die Szene vor sich sehen, wie Jeanne d'Arc in der Kathedrale von Reims im Jahre 1428 den Dauphin als Charles VII. zum König über Frankreich salben ließ und ihre heiligen Visionen und Stimmen zur Wirklichkeit durchbrachen, indem sie ein ganzes Volk, das sich bereits geschlagen wähnte, an seine Freiheit zu glauben lehrte. Ein jeder Mensch, wenn er auf seinem Lebensweg zum zweitenmal den Abgesandten des Todes begegnet, bedarf dieser Umwandlung der drohenden Niederlage eines schon geschlagenen „Königs" in den Mut, das Zeichen der eigenen Würde zu ergreifen und zu verteidigen. Was, beginnend mit dem alten Ägypten, in der Gestalt des „Königs" sich im Verlauf der Geschichte meldete, war und ist im Grunde das Wesensbild eines jeden Menschen: Ein jeder Mensch ist der Souverän seines eigenen Lebens, ein jeder besitzt in sich selbst eine unableitbare Würde und Größe, und jeder ist autonom in seinem eigenen Fühlen und Denken, sobald seine Stirn sich ziert mit dem Diadem ihrer Freiheit. Ein jeder Mensch, der zu sich selber erwacht, ist im wörtlichen Sinne ein königliches Wesen. Er ist nicht dazu bestimmt, als dienstbarer Knecht und weisungsabhängiger Untertan sein Dasein zu verhocken, er verfügt jederzeit über die Chance, sich in dem geweihten Tempelbezirk eines Seins „von Gottes Gnaden" zu seinem eigenen Format zu bekennen. Es geht exakt um das Problem, das Ionesco so formuliert hat: „Die Frage lautet: Sind wir einzigartige, das heißt unsterbliche Wesen?"

Denn das wird nun die dritte, die endgültige Frage des Grimmschen Märchens sein: Was können Menschen tun, wenn im vorrückenden Alter zum drittenmal nun nicht mehr nur die „Knechte der Köchin", sondern die grausame „Mutter Natur“ selber ihren „Kindern“ nachstellt und die Fliehenden einholt? Wie läßt sich leben mit der absoluten Gewißheit, die über allem steht, was wir sind oder tun: eines Tages wird der Tod uns einholen und seine Hand nach uns ausstrecken? Es ist ein wunderbares Bild voller uralter religiöser Erfahrung und Weisheit, wenn das Grimmsche Märchen erzählt, wie der „Fundevogel“ und das „Lenchen“ vor dem Herannahen der „Köchin“, nachdem sie ein letztes Mal sich ihrer Zusammengehörigkeit versichert haben, die Gestalt eines Sees und einer Ente annehmen.

Den Sinn einer solchen bildhaften Überredungskunst muß man ungefähr so wiedergeben: „Du fürchtest dich beim Herannahen des Todes? Du hältst ihn für ein Hinabgezogenwerden in das Meer des Verlöschens und des Nichtseins? Du fragst dich, warum du gelebt hast, wenn nichts von dir bleiben wird, um zu überleben? Aber ist es denn so falsch, was die Religion den Menschen an allen Orten und in allen Kulturen seit jeher zu vermitteln versucht: Ein Mensch werde im Tod nicht hinweggerafft, es löse vielmehr seine Seele sich nur aus den Fesseln von Raum und Zeit, sie verlasse das Gefängnis der irdischen Existenz und sie verlange danach, zurückzukehren zu ihrer ewigen Heimat unter die Sterne? Du fragst dich, wie so etwas möglich sei. Ob es überhaupt so etwas wie eine ‚Seele‘, getrennt vom Körper, geben könne? Nun, auch wenn es keine ‚geistige Substanz‘ geben mag, die sich vom Körper trennen ließe, so gibt es doch deine eigene Person, und warum soll sie nicht von denselben Kräften, die dich unter den Voraussetzungen dieser irdischen Welt ins Leben riefen, am Ende deines Lebens noch einmal hervorgebracht werden? Ein solches Wunder wäre nicht geringer, als daß du überhaupt existierst, und selbst wenn du ganz richtig sagst: Ich kann mir ein Leben nach dem Tod durchaus nicht vorstellen, so bleibt doch die Frage: Wie hättest du jemals dir vorstellen können, es sollte dich oder die ganze Welt geben, als du und die ganze Welt noch gar nicht bestanden?"

Solcher Art sind die „Argumente", die das Märchen vom „Fundevogel" zugunsten der „Tötung" des Todes in den Bildern von „See" und „Ente" geltend macht; doch handelt es sich wohlgemerkt um „Argumente" in Form symbolischer Bilder, nicht in Form intellektueller Begriffe; es handelt sich nicht um Beweise einer bestimmten Überzeugung, sondern um Hinweise einer bestimmten Art, die Welt zu sehen, und diese Hinweise wollen eher meditativ als diskursiv angeeignet werden.

Wenn ich diese meisterhafte Deutung noch einmal Revue passieren lasse, dann entdecke ich im gewissen Sinn eine Parallele zu einem meiner liebsten Gedichte, nämlich den „Stufen" von Hermann Hesse.

Wie jede Blüte welkt und jede Jugend
dem Alter weicht, blüht jede Lebensstufe,
blüht jede Weisheit auch und jede Tugend
zu ihrer Zeit und darf nicht ewig dauern.
Es muß das Herz bei jedem Lebensrufe
bereit zum Abschied sein und Neubeginne,
um sich in Tapferkeit und ohne Trauern
in andre, neue Bindungen zu geben.
Und jedem Anfang wohnt ein Zauber inne,
der uns beschützt und der uns hilft, zu leben.

Wir sollten heiter Raum um Raum durchschreiten,
an keinem wie an einer Heimat hängen,
der Weltgeist will nicht fesseln uns und engen,
er will uns Stuf' um Stufe heben, weiten.
Kaum sind wir heimisch einem Lebenskreise
und traulich eingewohnt, so droht Erschlaffen;
nur wer bereit zu Aufbruch ist und Reise,
mag lähmender Gewöhnung sich entraffen.

Es wird vielleicht auch noch die Todesstunde
uns neuen Räumen jung entgegensenden,
des Lebens Ruf an uns wird niemals enden. . .
wohlan denn, Herz, nimm Abschied und gesunde.

Und ich möchte zum Schluß dieses Kapitels der Hoffnung Ausdruck geben, daß ich mit ihm die Neugier des Lesers erweckt habe, auch die anderen Märchendeutungen Drewermanns sobald wie möglich zu genießen.

IV.

Abschiedsvorlesung

am 21. Juni 1991

Meine Damen und Herren!

Es ist mir so, als wäre nur ein Jahr vergangen, seit ich in diesem Saal die Antrittsvorlesung halten durfte, in Wirklichkeit aber sind zehn Jahre vorbeigaloppiert. Wenn ich mir für den Abschied das Thema „Emeritierung" gewählt habe, so habe ich es nicht getan, um mich in den Mittelpunkt zu stellen, sondern aus zwei Gründen:

Erstens einmal, weil wir uns um die Psychohygiene der Psychohygieniker zu wenig kümmern. Wir bemühen uns um alle möglichen Leute, aber uns selbst stellen wir zurück, und das ist falsch, denn wenn wir durch unsere persönlich ungelösten Probleme Schaden nehmen, dann schaden wir auch denen, die uns anvertraut sind.

Zweitens: Das Problem der Emeritierung ist für jeden Menschen gegeben, niemand kann ihm entkommen. Und gerade auch den Studenten, die hierhergekommen sind, möchte ich das sagen.

Ich war mir immer darüber im klaren, daß man eben mit 70 zu emeritieren hat, und in kurzer Zeit wird man dies schon mit 68 zu tun haben. Aber innerlich wird man sich doch die Frage stellen dürfen: „Willst du eigentlich emeritieren oder nicht?“ Es ist eine Tatsache, daß die Medizin in den vergangenen Jahrzehnten ungeheure Fortschritte gemacht und auf diese Weise den Menschen nicht nur ein längeres Leben ermöglicht hat, sondern auch ein Leben mit einer höheren Leistungsfähigkeit und Lebensqualität als früher. Wenn Sie mich aufgrund dieser Veränderung nun fragen: Willst du eigentlich emeritieren, kannst du denn nicht dein Amt noch weiter versehen? So würde ich nach sehr intensiver innerer Prüfung sagen, daß ich es sehr wohl tun könnte. Ich glaube, einige Jahre wäre ich den vielfachen Aufgaben, die es mit sich bringt, noch durchaus gewachsen. Vielleicht drückt dies einen Teilwiderstand gegen meine Emeritierung aus.

Ich darf Fridolin Stier, Bibelwissenschaftler in Tübingen, zitieren:

„Den Menschen verknechtende, seinem Selbst entfremdende Macht: MAN ist ihr Name. / MAN denkt so, / MAN spricht so, / MAN tut so, / MAN kleidet sich so, / MAN benimmt sich so, / MAN lebt so, / MAN ist so. / Wer ist MAN? Oder ist zu fragen, was MAN sei – ein „Sammel-ICH“, ein apersonales ES? Ich schreibe MAN groß, denn MAN ist eine Großmacht. Überall krieg ich's mit MAN zu tun, alle Tage macht MAN mir zu schaffen. MAN ist in mir, MAN ist um mich herum, ich lebe im MAN. Ich erschrak, als ich eines Tages entdeckte, daß ich bin, wie MAN ist. Die Augen sind mir aufgegangen. Ich weiß seitdem, was mit mir los ist. MAN hält mich gefangen, MAN ist mein Kerker, ich hasse MAN, MAN arbeitet leise, Menschen formen sich nach seinem Bilde, aber MANs Werke sind Pfusch, MAN-Menschen laufen mit Buckeln herum, ihre Augen sind blöd, ihre Ohren doof."

„Folge dem nicht, was man von dir verlangt", das wäre also ein Gedanke, der sich dank einer solchen Situation, wie ich sie in mir empfinde, durchaus aufdrängen könnte. Ein Gedanke des Protestes, des Aufbegehrens. Ich traue mir, wie gesagt, zu, es noch ein paar Jahre zu machen. Wer aber hat das letztlich zu beurteilen? Der Betreffende selbst? Wenn das so wäre, würden, glaube ich, alle bis 80 und länger arbeiten, und niemand würde zurücktreten. So geht es also nicht. Eine Kommission? Wir wissen von Kommissionen zur Genüge, wie dort Protektion von entscheidender Bedeutung ist: also auch eine Kommission kommt nicht in Frage.

Da wird man daher wohl sich eingestehen müssen, daß es so überhaupt nicht geht, und zu der Erkenntnis kommen, daß es notwendig ist, mit sich selber zu ringen und einzusehen, daß die gesetzlichen Vorschriften – wenn auch vielleicht nicht für den einzelnen zutreffend – doch im gesamten richtig sind. Ich will Ihnen jetzt auch erklären, warum ich diese Richtigkeit für gegeben ansehe, und möchte es tun mit einem Gedicht des unvergeßlichen Theodor Fontane, der eigentlich erst mit 60 so richtig begonnen hat, ein großer Dichter zu werden.

„Unverständlich sind uns die Jungen",
wird von den Alten beständig gesungen;
meinerseits möcht' ich's damit halten:
„Unverständlich sind mir die Alten."
Dieses Am-Ruder-bleiben-Wollen
in allen Stücken und allen Rollen,
dieses Sich-unentbehrlich-Vermeinen
samt ihrer „Augen stillem Weinen",
als wäre der Welt ein Weh getan –
ach, ich kann es nicht verstahn.
Ob unsre Jungen, in ihrem Erdreisten,
wirklich was Besseres schaffen und leisten,
ob dem Parnasse sie näher gekommen
oder bloß einen Maulwurfshügel erklommen,
ob sie, mit andern Neusittenverfechtern,
die Menschheit bessern oder verschlechtern,
ob sie Frieden sä'n oder Sturm entfachen,
ob sie Himmel oder Hölle machen –
eins läßt sie stehn auf siegreichem Grunde:
sie haben den Tag, sie haben die Stunde;
der Mohr kann gehn, neu Spiel hebt an,
sie beherrschen die Szene, sie sind dran.

Zu diesen Gedanken habe ich mich schließlich gerne – freilich, wie ich zugeben will nach inneren

Kämpfen – so durchgerungen, daß ich heute zwar nicht mit Freude, aber mit Ruhe und Gelassenheit meine Emeritierung annehme.

Was bedeutet Emeritierung? Ich möchte es mit einem Vergleich aus dem menschlichen Leben erklären. Ich würde sagen: „Wenn du emeritierst, dann legst du alle Titel, alle Positionen ab, etwa so wie ein Oberkleid. Du ziehst es aus: das ist ein Verlust, besonders dann, wenn jemand machtverliebt war. Denn mit dem Oberkleid verliert man außer Zweifel das, was man in unserer Welt als Einfluß und Macht versteht."

Ich muß an dieser Stelle meines Lehrers Hans Hoff gedenken, der mir im Juli 1969, zwei Monate vor seiner Emeritierung, sagte: „Ringel, beten Sie, daß ich als Ordinarius sterbe." Darauf antwortete ich: „Herr Professor, Sie sind noch Ordinarius bis zum 1. Oktober, Sie können nicht verlangen, daß ich beten soll, Sie mögen in den nächsten zwei Monaten sterben." Darauf beharrte er: „Wenn Sie mich liebhaben, tun Sie das." Dann sagte ich: „Aber, Herr Professor, wir brauchen Sie doch, Sie haben doch eine unglaubliche Erfahrung, wir haben so viele kritische Fälle, Sie müssen zu uns kommen, einmal in der Woche, und uns mit Ihren unvergleichlichen Erfahrungen beraten." Darauf Hoff: „Ja, Ringel, sind Sie wahnsinnig geworden, glauben Sie, daß, wenn ich nicht mehr Vorstand der Klinik bin, ich die Klinik noch je betreten werde, dort, wo ich geherrscht habe, soll ich geduldet werden? Nein. Sie müssen beten, daß ich in den nächsten zwei Monaten sterbe, und wenn Sie mir sehr gut gesinnt sind, man sagt Ihnen ja gute Beziehungen zum Himmel nach, dann beten Sie, daß ich in den Armen meiner Frau sterbe." So geschah es wirklich, am 23. August, obwohl ich natürlich nicht gebetet hatte. Hoffs Entscheidung, lieber das Leben herzugeben als die Macht, setzte sich durch. Die Psyche hat eine ungeheure Macht, sie kann durch den psychosomatischen Weg über Leben und Tod entscheiden.

Wenn ich jetzt in Ruhe zurückblicke, ist meine Entwicklung seit dem Jahre 1946, wo ich in die psychiatrische Klinik eingetreten bin, immer mehr in die Richtung gegangen, daß mir Macht eigentlich uninteressant war. Ich darf sagen, daß ich niemals, was immer ich auch erreichte, Machtmißbrauch betrieben habe und ich nie bestrebt war, meinen Willen anderen mit Gewalt aufzuzwingen. Daher kann ich von der Macht, die ich in meinen Augen nie bewußt besessen habe, leicht Abschied nehmen. Aber, es ist ein anderes Problem da: Emeritierung heißt in der Tat „Abschied". Goethe hat einmal gesagt: „Alles Schöne ist vergänglich." Ich würde es umgekehrt formulieren: Nur durch Vergänglichkeit werden die Dinge schön. Wir brauchen die Grenze, wir ertragen nicht das Ständige, wir benötigen alle, in unserer menschlichen Schwäche, das Bewußtsein „eines Tages ist es zu Ende". Dieser „dunkle Falter" schwebt über jeder Beziehung, die wir aufbauen, von der oberflächlichsten bis zur innigsten

Verbundenheit: „Eines Tages ist es aus." Das ist der tragische Abschied, der andererseits meiner Meinung nach die Dinge so schön macht. Börries von Münchhausen hat ihn für alle Zeiten in sein Gedicht gebannt:

Dunkler Falter

Wenn zwei Eheleute zum Sternenhimmel starrn
oder ein Bruder hält seiner lieben Schwester das Garn,
oder ein Freund schenkt bedachtsam dem Freunde ein –
schwebt ein dunkler Falter über den zwein:

einer von uns muß hinter dem Sarge gehen,
dran im Straßenwinde die Schleifen wehn,
einer von uns muß streun mit kalter Hand
Erde hernieder vom bretternen Grabesrand,
einer von uns muß gehn nach Haus allein –

lieber Gott, laß mich der andere sein!

Es ist sehr schwer, wenn der Abschied kommt, ihn anzunehmen. Aber es ist so – und ich bringe jetzt einen Vergleich mit der Ankeruhr auf dem Hohen Markt: Eine Figur erscheint, eine Figur erreicht den Zenit, eine Figur steigt ab und verschwindet schießlich. Ich bin mir dessen bewußt, daß ich jetzt in der Position des Verschwindenden bin, und habe mir vorgenommen, so wie ich hoffe, mich bemüht zu haben, alle meine bisherigen Stellungen würdig zu vertreten, auch diese Position würdig einzunehmen. Das fällt mir nicht leicht.

Wenn ich das Wort Abschied spreche, so meine ich vor allem den Abschied von „meinen“ Studenten. Ich bin der Auffassung, daß das Fach „Medizinische Psychologie“ eine Beziehungslehre ist. Wir sollen die Studenten lehren, den Patienten ernst und heilig zu nehmen, zu ihm eine echte Beziehung aufzubauen, die sich im menschlichen Gespräch äußert. Das menschliche Gespräch befähigt den Arzt, den Patienten in seiner ganzen Entwicklung, in der ganzen Breite des Erlebens seiner Krankheit zu verstehen. Das nenne ich Beziehung. Und nun bin ich vom ersten Tag an, als ich dieses Ordinariat übernommen habe, der Überzeugung gewesen, daß ein Student nur dann so eine Beziehung zu einem Patienten zustande bringen kann, erstens, wenn man ihn selber lehrt, wie diese Beziehung sich entwickelt, und zweitens, wenn der Lehrende sich bemüht, auch zu den Studenten eine Beziehung aufzubauen.

Ich komme hier auf ein Problem zu sprechen, von dem ich überzeugt bin, daß es in unseren Breiten nicht genügend beachtet wird. Denn die Beziehung der Professoren zu den Schülern ist nicht so, wie ich sie mir vorstelle. Um eine solche Beziehung habe ich mich bemüht. Ich wollte ein Freund der Studenten sein und sie ermutigen, dann auch in ihrer Berufsausübung in meine Fußstapfen zu treten. Das war die Mission, die ich verspürte. Wenn ich an den Gedichtband, einen Gedichtband meines Namensvetters Ringelnatz denke, den mir die Studenten zu meinem 70. Geburtstag geschenkt haben, und mich daran erinnere, was sie mir hineingeschrieben haben, nämlich:

Lieber Professor Ringel!

Wir haben genug von Musterknaben,
uns fehlen geistreiche Schlingel,
die Mut, aus der Reihe zu tanzen, haben,
Sie werden uns abgehen, Professor Ringel!

Wir haben genug von Geistesakrobaten,
die hoch überm Leben balancieren,
die niemals einen Fehltritt taten,
und übers Leben referieren.

Wir haben genug ordentliche Hörer,
denen Hören und Sehen vergangen ist,
wir brauchen Ruhestörer und Geistesbeschwörer,
mit denen was Außerordentliches anzufangen ist.

Wenn ich an dieses schöne Gedicht denke, mit dem sie fast den Ringelnatz überboten haben (und das heißt viel), so muß ich sagen, es will mir scheinen, ich habe dieses Ziel annähernd erreicht. Wenn Sie das bedenken, werden Sie verstehen, was mir jetzt am wehesten tut: daß es heute meine letzte Vorlesung ist. Ich weiß schon, daß man als Emeritus auch Vorlesungen anmelden kann, werde das aber niemals tun, weil ich nicht mit denen, die mir nachfolgen werden, in Konkurrenz treten oder ihnen ins Handwerk pfuschen möchte.

In der Tierwelt, hat mir ein lieber Freund erzählt, ist es so, der Platzhirsch muß abtreten, wenn er zum erstenmal einen Kampf gegen einen Beihirschen verliert. Ich will von solchen Kämpfen nichts wissen, sondern will hoffen, daß die „Beihirsche“ wachsen und in ihrer Entwicklung einen Status erreichen, so daß keine Lücke entsteht. Sie wissen, daß jeder beim Abtritt davon träumt: Aber ich werde eine ungeheure Lücke hinterlassen (ein Kollege sagte mir einmal: Für mich gibt es doch gar keinen Nachfolger!). Das glaube ich für meine Person wirklich nicht, und das wäre auch für die Sache, der ich diene, ganz schlimm. Und so erkläre ich noch einmal: Das schlimmste ist für mich der Abschied von den Studenten.

Nun werden Sie mich natürlich fragen: Wie schaut es denn aus mit dem Abschied von den Kollegen, von den anderen Professoren? Hier muß ich bekennen – und dazu braucht man nicht viel Mut, denn ich scheide sowieso aus, und daher kann mir niemand mehr etwas machen –, daß mir der Abschied von den Professoren viel leichter fällt.

Ich muß gestehen: Es ist mir nicht gelungen, den anderen Kollegen oder der Mehrzahl der anderen Kollegen mein Beziehungsanliegen begreiflich zu machen. Es ist mir nicht möglich gewesen, ihnen zu erklären, daß die Medizin natürlich eine Naturwissenschaft ist, aber nicht *nur* eine Naturwissenschaft; daß sie über die Naturwissenschaft hinauswachsen muß, indem sie Gefühle, und zwar insbesondere das Gefühl der Liebe, zuläßt. Das ist mir trotz vieler Bemühungen nicht gelungen. Ich habe nicht mit Tabellen, mit Zahlen, Diapositiven und sonstigen Dingen gearbeitet, sondern ich habe eben versucht, den Menschen darzustellen, so wie ich ihn sehe und erlebe; das zählt bei den „reinen" Naturwissenschaftlern nicht.

Es mag auch sein, daß die Kollegen mir übelgenommen haben, wie ich mich auch in politische Dinge eingemengt habe. Ich muß Ihnen aber sagen, daß ich von mir gar nichts hielte und ebenso von meiner Wissenschaft als Psychotherapeut, wenn es mir nicht klargeworden wäre, daß es hier nicht nur darum geht, einzelne zu behandeln, sondern auch die Gesellschaft, so wie es mich Alfred Adler gelehrt hat. Darum war es geradezu meine Pflicht, mich auch mit der Politik zu beschäftigen. Es mag nun sein, daß es wieder andere Kollegen gegeben hat, die sagten: „Ja, in die Politik hättest du dich schon einmischen dürfen, aber doch nicht in dieser Weise, denn du hast ja eine Entwicklung in eine bestimmte Richtung genommen." Meine Antwort lautet: Ich habe spät, aber doch erkannt, daß es uns nicht nur um die Vertretung unserer Standesinteressen, d. h. unserer Arztinteressen, gehen darf, sondern daß es uns vor allem gehen muß um die Vertretung derjenigen, die uns anvertraut sind, nämlich unserer Patienten. Und als mir das klar wurde, da blieb mir gar nichts anderes übrig, als weltanschaulich jenen Weg zu gehen, den ich gegangen bin und den ich hoffe, noch weiterzugehen, jenen Weg, der sich auf die Seite der Schwachen, der Unterdrückten, der Benachteiligten stellt. Das wurde mir zur Pflicht.

An dieser Stelle möchte ich ein Zitat von Hans Carossa bringen, der gesagt hat:

Was einer ist,
was einer war,
beim Scheiden wird es offenbar.
Wir hören's nicht, wenn Gottes Weise summt,
wir schaudern erst, wenn sie verstummt.

Mein Freund Peter Turrini hat gemeint, daß es immer, wenn man mit mir zusammenkommt, aus mir heraus „summt" und daß dieses Summen auch sogar oft rein lautmäßig zu hören ist. Ich meine, wenn es tatsächlich ein solches Summen aus mir heraus geben sollte, so könnte es nur mein Eintreten für die Opfer von Gewalttaten aller Art sein, also jene Nächstenliebe, die Herbert Pietschmann als „Selbstverwirklichung Gottes auf Erden" bezeichnet hat.

Jetzt möchte ich zurückkommen zu dem Begriff der Emeritierung, von dem ich gesagt habe, er bedeute, daß man das „Oberkleid" ablegt. Aber nun bleibt das „Kleid" zurück. Heimito von Doderer hat gemeint: „Die Funktion ist ohne Eigenbedeutung: eben jenes erfundene Gewand, durch das man bei wirklichen Ärmeln herauskommt." Und jetzt muß es sich zeigen, was da herauskommt, was der Mensch ist, ohne all das Drum und Dran, was ihm die Machtposition verliehen hat, ohne die „Wassergräben“, die er um seine Festung errichtet hat. Und so kann man sagen: Die Emeritierung ist nicht nur Abschied, sondern andererseits auch Neubeginn. Die Emeritierung bedeutet nicht nur die Bewahrung der Vergangenheit, sondern sie bedeutet auch, all seine Kräfte in den Dienst der Zukunft zu stellen. Das ist eine frohe Botschaft, und ich möchte versuchen, Ihnen diese Aufgabe, so wie ich sie für mich persönlich sehe, näher zu schildern.

Ich glaube, daß ich zuerst einmal die Verpflichtung habe, als ein liebevoller Beobachter zu sehen, wie die Dinge, die ich – wenn man so sagen darf – angezündet habe, weiter verlaufen, wie sie sich weiterentwickeln werden. Was wird aus dem Institut für Medizinische Psychologie werden? Es ist mir schon eines gelungen, da man mich mit beratender Funktion in die Kommission für meine Nachfolge berufen hat: Ich habe darauf hingewiesen, daß mein Nachfolger nicht nur wissenschaftlich ausgezeichnet qualifiziert sein soll, sondern daß er auch menschliche Fähigkeiten für den Umgang mit Studenten haben muß. Ich glaube, daß jeder Universitätsprofessor der medizinischen Fakultät durch die Dreiheit seiner Verpflichtung, nämlich erstens durch die wissenschaftliche Tätigkeit, dann durch die organisatorische Leistung und drittens durch didaktische Aufgaben überfordert ist. Ich kann mir nicht vorstellen, daß jemand alle diese drei Dinge im gleichen Maße erfüllen kann. Jedenfalls werde ich alles tun, daß die dritte Fähigkeit bei meinem Nachfolger nicht zu kurz kommt.

Ferner werde ich nicht ruhen und rasten, bis ich erreicht habe, daß die Psychosomatik, die nun erfreulicherweise schon ein Ausbildungsfach in der Ärztekammer ist, auch in der Fakultät durch eine eigene Klinik, durch eigene Vorlesungen und durch eine eigene Prüfung repräsentiert ist. Denn man kann sonst nicht hoffen, daß jemals in Wien eine moderne Medizin der Zukunft entsteht. Im Jahr 2000, das unmittelbar vor uns steht, hat mein Freund Walter Pöldinger erarbeitet, werden die psychosomatischen Erkrankungen an der Spitze aller Erkrankungen stehen. Professor Kunze, der mir einen sehr lieben Brief geschrieben hat, meinte: „Nun wird vieles von Ihnen abfallen, und Sie können sich dieser Aufgabe, zu unser aller Wohl, noch viel mehr widmen." Ich kann nur antworten: Ich bin mir dieser heiligen Verpflichtung voll bewußt. Und ich werde mich selbstverständlich im großen Umfang meinen Patienten widmen.

Viele Kollegen haben mir gesagt: „Lieber Ringel, wenn Sie glauben, daß Sie, wenn Sie in Pension gehen, weniger zu tun haben werden, dann können wir aus eigener Erfahrung Ihnen nur sagen: Sie irren sich. Man hat nie so viel gerade mit Patienten zu arbeiten, als in dem Moment, wo man emeritiert."

Ich weiß nicht, wie das alles gehen wird, aber ich glaube, daß mir dies genügend Sinnerfüllung gibt für die Zukunft, um nicht zu verzagen. Ja, ich werde zukunftsbezogen bleiben – früher habe ich gesagt, ich möchte die Fertigstellung der Südautobahn bis Klagenfurt noch erleben. Da nun dieser Termin sehr nahe gerückt ist, strebe ich an, den Beginn des dritten Jahrtausends noch erleben zu dürfen.

Wir bezeichnen uns als „Medizinische Psychologie", als eine bio-psycho-soziale Institution. Und so werde ich auch meinen eigenen Altersprozeß unter biologische, psychologische und soziale Aspekte stellen. Denn das ist ja eigentlich das, was wir als Einheit sehen. Die Altersadaptation ist ein schwieriger Prozeß; sich anzupassen, ist nicht leicht. Ich werde mich bemühen, dies zu tun. Biologisch muß ich bekennen, daß ich mich in meinem Körper, den ja der alte Mensch immer stärker fühlt, weil er von ihm immer mehr abhängig ist und weil er ungezählte Male streikt, daß ich mich rein körperlich gerade in den letzten zehn Jahren trotz meiner Behinderung besonders wohl gefühlt habe. Ich bin bereit, nicht gegen, sondern mit dem Strom zu schwimmen, ich bin bereit, auf das, was mir nicht möglich ist, zu verzichten, das habe ich ja in Auseinandersetzung mit meiner Krankheit seit 1959 bereits gelernt, aber das, was mir möglich ist, noch mit allen Fasern meines Ichs einzusaugen und aufzunehmen und zu genießen. Soweit das Biologische.

Im Psychischen bin ich entschlossen, alle meine Freundschaften zu intensivieren und dankbar zu sein für jede Stunde, die ich mit einem lieben Menschen verbringen kann in Gesprächen, die mich weiterführen. Denn das Weitergehen darf nicht aufhören. Ich bin kein „Fertiger", sondern bleibe ein „Werdender", der für jede neue Erkenntnis dankbar ist. Vor der Einsamkeit fürchte ich mich nicht, ich habe meine Familie, ich habe Kinder und Kindeskinder, ich habe meine Schüler und Schülerinnen, die ich hier ganz besonders erwähnen möchte und die mir so ans Herz gewachsen sind, als wäre ich ihr Vater. Ich bin stolz darauf, daß sie alle verschieden sind, es ist jeder/jede ein Unikum für sich, keiner eine Fotografie von mir, sie haben sich wirklich nach ihren Gesetzen entwickelt, und dies zu verfolgen und zu erleben, wird mir im Psychischen von großer Bedeutung sein.

Im Sozialen habe ich persönlich nichts zu befürchten, aber gerade, weil ich dies nicht habe, werde ich um so mehr all jener Menschen gedenken, die krank, einsam und arm sind. Eine schreckliche Trias, die sich im Alter katastrophal auswirken kann, in Hoffnungslosigkeit, in Resignation, in Zugrundegehen, durch „psychosomatische Dekompensation", in Verzweiflung zu münden droht. Ihnen werde ich im sozialen Sinne meine besondere Aufmerksamkeit schenken.

Die Vorlesung, die ich im selben Saale als Antrittsvorlesung halten durfte, habe ich mit einem

Gebet geschlossen, das Friedrich Torberg verfaßt hat:

> Der ich Dich nie gewinne,
> der ich Dich nie verlier,
> sein, daß ich neu beginne,
> sei mir noch einmal inne,
> versuch's noch einmal, Herr, mit mir.

Ich stehe vor einem neuen Lebensabschnitt, von dem ich nicht weiß, wie lange er dauert, und ich bitte Gott wiederum ganz innig, daß er noch einmal mit mir sein möge. Und jetzt, da ich das Bild mit den Gewändern gebracht habe, die Machtposition ist das Obergewand, nach der Emeritierung bleibt die Person, also das Gewand, aber es kommt der Tag, wo man auch dieses Gewand ausziehen muß, es kommt der Tod. Ich bitte den Herrgott, daß er auch mein Sterben segnen möge.

Ich habe einmal bei einer Van-Swieten-Tagung gesagt: Ich möchte nicht so sterben, wie so viele Patienten unter unseren Händen sterben müssen. Nicht abgeschoben, nicht einsam, nicht ohne Gespräch, ohne eine Hand, die mich liebevoll hält. Ich bleibe dabei. Ich habe im Jahre 1945, im Anschluß an eine Diphtherie, eine dreitägige Agonie erlebt, und ich weiß, daß das Todeserlebnis verbunden ist mit zwei Komponenten, erstens mit einer Anklammerungstendenz an das Ich und auch Anklammerungstendenz an andere Menschen, mit dem Gefühl des Verlassenwerdens mit einer schrecklichen Angst. Daß es aber einen Moment gibt, wo diese Angst aufhört, man sein Ich losläßt und wie in einen ungeheuren See mündet mit einem unbeschreiblichen Beglückungsgefühl.

Professor Kundraditz, der Ihnen vielleicht noch in bester Erinnerung ist und der mich damals behandelt hat, hat, nachdem ich wieder zum Leben erwachte, zu meiner Mutter gesagt: „Gnädige Frau, was immer aus dem Kind wird, es handelt sich um ein geschenktes Leben."

Beim Abschließen dieser „Abschiedsvorlesung" möchte ich Ihnen sagen, daß ich für dieses Geschenk des Lebens unendlich dankbar bin, und ich hoffe, daß dieses Leben so entschwinden möge, wie es sich bisher, dank großer Gnade, gestaltet hat. Ich habe immer eine besondere Beziehung gehabt zu jenem Moment, in dem ein Fluß aufhört und ein See oder das Meer beginnt. Wo sich die beiden ineinander verlieren, so daß man nicht mehr weiß, ist es noch der Fluß oder ist es schon das Meer. In diesem Sinne erlauben Sie mir, daß ich mit den Worten des grandiosen italienischen Denkers und Dichters, Claudio Magris, schließe, der sein Werk über die Donau mit den Worten geschlossen hat:

„Das nicht zu erleben, ich hätte es schon fast als ein ernstes Defizit bezeichnen mögen, doch der Kanal fließt leicht und ruhig und sicher ins Meer, ist nicht mehr Kanal, Grenze, Regulation, sondern ein Fließen, das sich öffnet und sich den Wässern und den Ozeanen dieses Erdballs hingibt und den Geschöpfen ihrer Tiefe. ‚Mach, daß mein Tod, Herr', heißt es in einem Vers von Marin, ‚sei wie das Fließen eines Stroms in t'el mar grando, in das große Meer.'"

Schlußwort

Möge dieses Buch Mut machen, das Alter zu wagen, und möge diese Übung – um es mit André Heller, dem großartigen Initiator der Aktion SOS-Mitmensch, zu sagen – allen Lesern (und natürlich auch mir) gelingen.